AF291613

Dieter Müller

Mein Stückwerk

Bibliografische Information der Deutschen Nationalbibliothek:
Die Deutsche Nationalbibliothek verzeichnet diese Publikation
in der Deutschen Nationalbibliografie; detaillierte bibliografische
Daten sind im Internet über dnb.dnb.de abrufbar.

1. Auflage, 2024

Impressum
© 2024 Dieter Müller (Magdeburg)

Lektorat und Layout:
Biographiewerkstatt Böddeker
Ellerstr. 26 · 33100 Paderborn
www.biographiewerkstatt.net
Tel.: 05293 · 9327816

Verlag: BoD · Books on Demand GmbH, In de Tarpen 42,
22848 Norderstedt
Druck: Libri Plureos GmbH, Friedensallee 273,
22763 Hamburg
ISBN: 978-3-7597-6203-0

Inhaltsverzeichnis

Schon Paulus schrieb in seinem ersten Brief an die Gemeinde in Korinth: »Denn Stückwerk ist unser Erkennen und Stückwerk unser prophetisches Reden.« In dem Begriff »Stückwerk« kommt ja zum Ausdruck: Da ist etwas noch nicht fertig, der Blick aufs Ganze noch nicht gewonnen – nur Teilaspekte zeigen sich. Und so wird es für uns Menschen bis zu unserer Todesstunde bleiben. Aus diesem Grund kann auch ich nur Stücke der Wirklichkeit erfassen in der Hoffnung, dass sich daraus zumindest so etwas wie ein Mosaik ergibt. Außerdem kommt der Zeitfaktor hinzu, denn wir sind ja in jeglicher Hinsicht auf einer großen Wanderung. Deshalb bin ich mir bewusst: Bei meinen Texten handelt es sich nur um Ausblicke von einem bestimmten Kilometerstein aus.

Darum will ich in diesem Buch meine Gedanken nach solchen Kilometersteinen ordnen und jeweils eine biographische Sicht mit einem Stückwerk verbinden, wie es sich für mich zu diesem Zeitpunkt zeigt. Dabei möchte ich jedoch keine wissenschaftliche Arbeit abliefern, sondern nur ganz persönliche Sichten, wie sie auf mich zukommen. Hinter allem steht für mich die Frage nach Gott und seiner Beziehung zu den Weltwirklichkeiten.

Magdeburg, im Herbst 2024

Der 26. März des Jahres 1935 war gekommen: Mutter lag in der kleinen Privatklinik Rizzaheim in Koblenz, auch mein Vater war anwesend. Ansonsten tat lediglich eine Lernschwester ihren Dienst im Krankenhaus. Als die Wehen heftig wurden, rief mein Vater die Feuerwehr an und bat, schnell eine Hebamme zu bringen. Bei ihrem Eintreffen hatte ich allerdings schon das Licht der Welt erblickt – nur Vater hatte geholfen. Es war 23.30 Uhr.

Meine Eltern hatten für ihren Nachwuchs lediglich einen weiblichen Vornamen parat: Ich sollte Hannelore heißen. Als dann das kleine Zipfelchen sichtbar wurde, waren die Eltern ratlos, sodass ich an meinem Geburtstag zunächst ohne Namen blieb. Erst als am folgenden Tag meine 15-jährige Halbschwester – aus Vaters erster Ehe – kam und meinte »Dieter ist gerade modern.«, änderte sich das.

Weil ich als Kind recht schwach war, erhielt ich noch im Krankenhaus die sogenannte Nottaufe. Denn sonst drohte der »Limbus«, eine damalige kirchliche Meinung aus dem Mittelalter, nach der ungetaufte Kinder im Falle ihres Todes nicht in den Himmel kamen, sondern in die sogenannte »Vorhölle« – zwar ohne Feuer, aber auch ohne die »Anschauung Gottes«. Ja, so streng und unbarmherzig waren seinerzeit die Herren! Da konnte auch Gott nichts machen. Erst durch Papst Benedikt XVI. wurde – mit einem Federstrich – diese Bestimmung aufgehoben, ohne ein Wort der Entschuldigung.

Vater hatte übrigens in jener Nacht in Koblenz bei einem ihm bekannten Wirt noch einen Schluck auf mein

Wohl genommen, dadurch den letzten Zug verpasst und die zwölf Kilometer zu unserem Wohnort Bendorf (Rhein) – frohen Herzens – zu Fuß zurückgelegt. So war das also mit meinem Ankommen auf der Bühne dieser Welt. Der Kleine hatte natürlich noch keine Meinung zu Theologie und Naturwissenschaften, seine späteren Interessensgebiete.

Das Leben unserer Familie in der Kleinstadt Bendorf verlief zunächst unspektakulär. Wir hatten eine schöne Wohnung und einen Garten mit Hühnerstall. Vater arbeitete in einem Industriebetrieb, der aus dem Rohstoff Ton feuerfeste Produkte für die Stahlgewinnung herstellte. Mutter führte den Haushalt. Lediglich der kleine Dieter machte Sorgen und der Kinderarzt sagte zu meiner Mutter: »Den Jungen kriegen Sie nicht groß!«

Kilometerstein 1939: Kriegsbeginn

Seit 1933 lebte Deutschland unter der Herrschaft der faschistischen NSDAP (»Nationalsozialistische Deutsche Arbeiterpartei«) und ihrem Führer Adolf Hitler. Dieser hatte im Buch »Mein Kampf« seine Ziele deutlich dargelegt: Kriegsvorbereitung, Eroberung anderer Länder, Verfolgung Andersdenkender, Bau von Todeslagern und Vernichtung der Juden. Hitlers Pamphlet hatte jedoch kaum jemand gelesen.

Zunächst war die Bevölkerung froh über das Ende der großen Arbeitslosigkeit, die seit der Weltwirtschaftskrise im Jahre 1929 in Deutschland herrschte. Die Stimmung im Land war gut und die Menschen mehrheitlich von Hitler begeistert. Weil auch Vater vorher arbeitslos gewesen war, wurde er nun Mitglied der NSDAP. Sogar die katholischen deutschen Bischöfe begrüßten in Hirtenbriefen freudig die neuen Kräfte und boten ihre Unterstützung an. Nur ganz wenige kritische Menschen erkannten die heraufziehende Gefahr. Am 1. September 1939 überfiel Hitler Polen und löste damit den Zweiten Weltkrieg aus, der unermessliches Leid mit sich brachte.

All das erlebte ich natürlich nicht bewusst, sondern erfuhr erst später davon. Erste Kriegsfolge für mich persönlich war, dass es keine Bananen mehr gab – meine bisherige Hauptnahrung, da ich keine Milchprodukte vertrug. Die drei älteren Geschwister waren bei der »Wehrmacht« und kamen nur noch selten zu Besuch.

Zum religiösen Milieu: Vater – geboren in Halle (Saale) – war von Haus aus evangelisch, ließ aber seine kirchliche Beziehung während der Nazizeit ruhen. Mutter stammte aus dem Saargebiet und war katholisch. Sie ging mit mir zur Sonntagsmesse. Mein früher Eindruck: eine Zumutung für Kinder! Der schönste Augenblick war, wenn der Priester das dicke Messbuch mit zwei Schnallen verschloss. Dies machte in der Kirche laut »Klack, klack« und bedeutete, dass endlich Schluss war!

Schön war allerdings, dass Mutter abends mit mir gebetet hat. Einiges ist mir davon noch im Gedächtnis, wie zum Beispiel: »Die Eltern mein befehl ich dir, o lieber Gott, erhalt sie mir! Vergilt, o Gott, weil ich nicht kann, das Gute, das sie mir getan!« Dann gab es noch ein Gebet zum Schutzengel. Aus einem anderen Gebet stammt folgende Zeile: »Ein einz´ger Tropfen Jesu Blut macht ja allen Schaden gut.«

Man ahnt, welche These dahinterstand, nämlich die Auffassung von Jesu Kreuzestod als Genugtuung gegenüber dem zürnenden Vatergott angesichts der Sünden der Welt. Anschließend las mir Mutter aus den »Biblischen Geschichten« vor, d.h. hauptsächlich über Themen wie die Erschaffung von »Adam und Eva«, was man damals für ganz einfach und kindgemäß hielt. Ich zählte danach sogar meine Rippen ab, um zu klären, ob da womöglich eine fehlte. Dies war, wenn man so will, mein Start als »Kreationist«, also als ein Mensch, der den Bibeltext wie einen Tatsachenbericht auffasst.

Jedenfalls machte sich Mutter viel Mühe mit meiner religiösen Erziehung. Einmal gab sie mir sogar den Ratschlag: »Wenn ein Zweifel kommen will: Schnell wegdenken!«

Kilometerstein 1941: Schulbeginn

Ich sehe mich an der Hand meiner Mutter auf dem Schulweg, der etwas über zwei Kilometer lang war. In der Klasse begrüßte uns Fräulein Wintergerst, eine große, fast magere Frau von strenger und kalter Wesensart – also gerade das Richtige zum Wohlfühlen für die kleinen Schulanfänger.

Als typisches Bild der ersten Schuljahre habe ich vor meinem inneren Auge eine vollgeschriebene Tafel, die wir abschreiben mussten. Zunächst lernten wir die altdeutsche Schrift, stellten dann aber zur Mitte des ersten Schuljahres auf Lateinbuchstaben um. Geschrieben wurde mit Griffel auf einer Schiefertafel, die sich mit Schwamm und Lappen immer wieder löschen ließ.

Pro Woche gab es einen Fahnenappell: Nach dem Befehl »Hisst Flagge!« wurde die Hakenkreuzfahne feierlich am Mast aufgezogen. Dann folgten »zackige« Lieder wie zum Beispiel »Flamme empor!«. Zum Schluss wurde immer das »Horst-Wessel-Lied« gesungen (»Die Fahne hoch! Die Reihen fest geschlossen«) und schließlich die Nationalhymne »Deutschland, Deutschland über alles ...«

In der dritten Klasse hatte ich ein schlimmes Erlebnis: Während der Zeichenstunde sollten wir Strichmännchen zeichnen. Da ich schon von Haus aus gern und auch gut zeichnete, war mir das mit den Strichmännchen ein wenig zu läppisch, weshalb ich mich entschloss, richtige Menschen mit voller Figur zu zeichnen. Als der Zeichenlehrer – Herr Tussing – durch die Reihe ging und meine Zeichnung sah, holte er mich wütend nach vorn, griff zum Rohrstock und gab mir fünf Hiebe auf die Hand.

Begründung: »Nichtbeachtung der Lehreranweisung.«
Während der Hitlerzeit gab es in der Schule ja noch die
Prügelstrafe, die bei sadistischen Lehrern zu Gewaltor-
gien ausarten konnte. Wahrscheinlich war Herr Tussing
kein Zeichenlehrer, konnte es also selbst nicht. Als er
dann meine gute Zeichnung sah, muss ihn das ergrimmt
haben. Am Ende der dritten Klasse bekam ich in Zeichnen dann eine Sechs auf dem Zeugnis.

Weiteres an Ängsten kam hinzu: Einem älteren Schüler machte es Freude, mir beim schulischen Hin- oder
Rückweg aufzulauern, um mir Angst einzujagen. Kör-
perlich angegriffen hat er mich nicht, aber eben Angst
gemacht. Also legte ich auf dem sowieso schon weiten
Schulweg große Umwege über die Straßen von Bendorf
zurück, um diesen Attacken auszuweichen. Im Vorgriff
sei schon erwähnt, dass ich in gewisser Weise froh war
über unseren Bombenschaden im Jahre 1944, denn dadurch kam ich aus diesem bedrückenden Milieu heraus.

Kilometerstein 1944: Bomben und Tiefflieger

Hitlers Krieg lief weiter. Seit der verlorenen Schlacht um Stalingrad, in der mein ältester Bruder ums Leben kam, rückte die »Rote Armee« unter hohen Verlusten vor. Auch von Westen her kam der Krieg auf Deutschland zu. Aus dem Westerwald starteten die »Vergeltungswaffen« V1 und V2, überquerten donnernd das Rheintal, um in England Tod und Zerstörung zu bringen. Als Gegenschlag nahmen die Luftangriffe auf Westdeutschland zu – englische und amerikanische Bomberverbände zerstörten Städte. Koblenz brannte. Auch unsere Kleinstadt erlitt einen Angriff, und zwar dadurch, dass die von einem Aufklärungsflugzeug gesetzten Zeichen durch Wind versetzt wurden. Tote lagen am Straßenrand.

Wir Spielkameraden von der Bahnhofstraße entwickelten uns zu Fachleuten in Sachen Flugzeugtypen und FLAK (Flieger-Abwehr-Kanone). Am Bahnhof stand eine Batterie aus vier Geschützen, einem Horchgerät und einer Zieleinrichtung. Oft waren wir Spielkameraden dort, einmal sogar während eines Luftangriffs. Da rief ein Soldat zwei Zahlen, anschließend krachte es viermal. Oben am Himmel waren vier Wölkchen zu sehen – meist weit hinter dem Bomberverband – und dann war die Luft erfüllt von einem trillernden Pfeifton: Granatsplitter kamen herunter, die wir Jungen sammelten. Wer den größten und farblich schönsten vorweisen konnte, war König. Dabei ist bis heute erstaunlich: Niemand von unseren Eltern achtete darauf, dass ja schließlich Todesgefahr bestand. Doch in Kriegszeiten stumpfte so manches ab.

Am 21. September 1944 gab es wieder Luftalarm. Der auf- und abschwingende Sirenenton wird im Gedächtnis der Kriegsgeneration für immer ein schlimmes Zeichen bleiben. An diesem Tag hielten wir uns – ausnahmsweise – mal im Luftschutzkeller auf. Dort konnten wir die Bombenteppiche, die über Koblenz niedergingen, hören: Zuerst ein Rauschen, dann der Donner der Detonationen – und danach wurde es still.

Mutter holte schnell die Wäsche herein, die noch auf der Leine hing, als es einen dumpfen Schlag gab und das Licht ausging. Die Baumstämme, mit denen der Keller abgestützt worden war, knisterten unter der Last der Trümmer. Schon weit im Vorfeld des Krieges wurden alle Luftschutzkeller von staatlicher Seite auf diese Weise abgestützt – es war also lange vorher mit einem Bombenkrieg gerechnet worden. Auch die weiße Aufschrift »LSR« (Luftschutzraum) war schon Jahre zuvor über dem jeweiligen Kellerfenster aufgebracht worden.

Nun breitete sich ein säuerlich-süßer Geruch aus, den ich nie vergessen werde. In diesem Moment fragte ich mich: »Sind wir nun tot?« Da zündete jemand ein Streichholz an. Der aus wenigen Steinen bestehende Mauerdurchbruch zum Nebenhaus wurde geöffnet, und wir verließen den Keller. Draußen sahen wir, was geschehen war: Unser Wohnhaus wurde zur Hälfte zerstört, ein kleines Nebenhaus war ganz weg. Dort war ein altes Ehepaar mit seiner Enkelin ums Leben gekommen, die gerade zu Besuch war. Am Vormittag hatte das kleine Mädchen noch mit uns Kindern gespielt. Wie kam es zu dem Bombentreffer? Ein Flugzeug hatte nach dem Angriff auf Koblenz noch eine einzige Bombe im Schacht, und die hat der Pilot über uns ausgelöst.

Wir Hausbewohner kamen für die nächsten Tage in der Nachbarschaft unter. Aber das konnte keine Dauerlösung sein. Letztlich führte der Bombenschaden zum Abschied aus dem Rheinland und war der Start meiner Ostbiographie.

Ende 1944 kamen wir dann in einer Notunterkunft im Ort Melsbach unter. Dort, auf der Höhe des Westerwaldes, lag eine der Tongruben, die das Werk in Bendorf belieferte. Vater nutzte seine Beziehungen, sodass meine Mutter und ich dort einige Wochen blieben.

Eines schönen sonnigen Herbsttages machten wir beide einen längeren Spaziergang über die hügelige, aber offene Landschaft, als sich ein englischer Tiefflieger näherte und das Feuer auf uns eröffnete. Die Salve verfehlte uns. Schnell warfen wir uns in ein dorniges Gebüsch und sahen, dass der Flieger eine Kurve drehte und erneut auf uns zukam. Also liefen wir hastig um den Busch herum, um uns auf der anderen Seite in die Dornen zu werfen. Die Salve schlug nur knapp neben uns ein – wir konnten hören, wie die Geschosse in den Boden gingen. Nun blieben wir liegen, damit der Pilot – falls er noch mal anfliegen sollte – uns für tot hielt.

Dann warteten wir eine Weile ab, bis es still wurde, und machten uns auf den Heimweg, entsetzt über das Ereignis: Da sieht ein junger Mann – der ja wahrscheinlich zu Hause selbst Familie hat – eine Frau mit Kind und will sie umbringen! Was macht der Krieg mit Menschen?

Im Dezember 1944 war die Entscheidung gefallen: Evakuierung nach Thüringen. Der Zug mit vielen Menschen aus unserem bisherigen Wohnort startete noch im Jahre 1944. Nach langer Fahrt erreichten wir am Neujahrstag 1945 den Ort Walldorf (Werra), wo hoher Schnee lag. Die Brücke über die Werra war durch Luftangriffe zerstört worden. Der einzige Weg, um vom Bahnhof zum Ort zu kommen, war ein Wehr, über dessen Pfeiler Holzbohlen gelegt worden waren. Über diese schmalen Bohlen bewegte sich nun der Menschenstrom aus alten Leuten und Familien mit Kindern. Es war noch halb Nacht. Die Bohlen bogen sich unter dem Gewicht und die Werra rauschte unter uns – zum Glück ging alles gut!

Zunächst wurden wir im »Kaiserhof« untergebracht. Alle schliefen irgendwo, einer sogar in einer Badewanne. Dann folgte die Verteilung auf die Quartiere. Wir kamen zum Ehepaar Karl und Emilie Sauer in der Spitalstraße 290, ein kleiner Hof mit Stallungen und Wohnhaus. Herr Sauer war Maurer, nebenbei betrieb das Paar eine kleine Landwirtschaft. Sie stellten uns ein Zimmer zur Verfügung. Ein positiver Effekt war ich, denn Sauers waren kinderlos und Frau Sauer schloss mich sofort in ihr Herz. Einen negativen Effekt erzeugte mein Vater: Er hatte sich – in der Meinung, dass dies von Vorteil sei – eine braune Parteiuniform geliehen und damit den Zug begleitet. Doch Herr Sauer war alter SPD-Mann und erschrak über diese Maskerade des Vaters.

Für mich eröffnete sich ein großartiges Jahr, in dem ich eine völlig andere Welt erlebte: Es gab keine Schule, aber dafür lernte ich Sauers Tiere kennen – Schweine, Ziegen, Tauben, Hühner, Katzen sowie einen Schäferhund. Außerdem durfte ich – aus Ziegenmilch – Butter herstellen. Eigentlich war das verboten, weshalb die Zentrifuge im Keller gedreht werden musste. Dann erlebte ich, wie ein Schwein geschlachtet und ausgenommen wurde. Im Dorfbach Herpf konnte ich mit der Hand eine Forelle fangen. Und natürlich spielte ich mit den Kindern des Dorfes in den geheimnisvollen Sandsteinhöhlen am Rande von Walldorf.

1945 gab es viele Maikäfer, die wir mit Besen herunterschlugen und an die Hühner verfütterten. Im Wald studierte ich ihr Sexualverhalten: Zunächst verhakten sich die Partner mit ihren Schwanzdornen aneinander. Dann öffnete sich bei beiden eine kleine Luke am Hinterleib und zwei kleine Ärmchen reichten ein weißes Päckchen von der einen Luke zur anderen. Nachdem ich das ermittelt hatte, sah ich meine Eltern etwas anders an und dachte mir mein Teil. Als mich meine Mutter viel später aufklären wollte, winkte ich nur freundlich ab.

Inzwischen ging der Krieg weiter. Wir erlebten ihn aber nur an den Bomberverbänden, die nach Berlin und zu anderen Städten im Osten flogen. Dann besetzten die Amerikaner das Land, Kampfhandlungen fanden nun nicht mehr statt. Sechs Wochen später übernahm die Sowjetarmee das Gebiet. So war es in vorausgehenden Konferenzen zwischen den Alliierten vereinbart worden.

Kirchlich empfand ich die katholische Minderheitssituation als wesentlich freiere Luft gegenüber dem muffigen Milieu im Rheinland. Hin und wieder kam ein Ordensgeistlicher zur Kirchenburg Walldorf und hielt erfrischend lebendige Gottesdienste.

Kilometerstein 1945: Halle

Im Herbst 1945 zogen meine Eltern mit mir nach Halle (Saale), weil dort zwei Schwestern meines Vaters eine intakte Wohnung hatten. Das war nach dem Krieg ein Argument. Wie sich die politische Lage entwickeln würde, überschauten die Eltern zu dieser Zeit nicht. Aber: Wir lebten jetzt in der »SBZ«, der Sowjetischen Besatzungszone – kurz: »in der Zone« –, und ahnten noch nicht, was das bedeutete. Bei den Tanten wohnten wir in einer Altbauwohnung ohne Bad und mit Toilette auf halber Treppe.

Kurz nach unserer Ankunft ging ich – inzwischen zehn Jahre alt – auf die Suche nach einer Schule. Das mag seltsam klingen und ich kann es bis heute selbst nicht verstehen: Anstatt dass sich meine Eltern darum kümmerten oder die Tanten, lief der kleine Junge mit seinem letzten Zeugnis vom Rheinland durch die fremde Stadt, um sich eine Schule zu suchen. Erst bei der dritten hatte ich Glück: In der Lessingschule nahm man mich in die vierte Klasse auf.

Als ich einige Tage später nach der Hofpause zusammen mit meinem Klassenlehrer die Treppe raufging, begegnete uns der Klassenlehrer der fünften Klasse. Dieser fragte mich: »Wie viel Kubikmillimeter hat ein Kubikmeter?« Ich: »Eine Milliarde« Er: »Kannst gleich mitkommen.«

Später erfuhr ich: Im Hintergrund gab es eine Anordnung, dass Kinder, die durch den Krieg ein Schuljahr versäumt hatten, nach kurzer Prüfung in die höhere Klasse springen konnten. Die fünfte Klasse hatte gerade mit Russisch begonnen, was mir Spaß machte. So konnten wir in der Pause eine derbe deutsche Bemerkung – aber in kyrillischen Buchstaben – an die Tafel schreiben, und der Deutschlehrer war nicht in der Lage, dies zu entziffern. Als Russischlehrer hatten wir einen Studenten, denn ausgebildete Lehrer gab es für diese Sprache ja noch nicht. »Towarisch Brinkmann« sprach lange Zeit nur russisch mit uns, sodass wir eine richtige Alltagssprache lernten, mit der man beispielsweise auch den Weg zum Bahnhof beschreiben konnte. Wir lernten sogar russische Flüche. Insgesamt kann ich sagen: Die Schule machte mir wieder Freude!

Und es gab noch mehr Erfreuliches: In der katholischen Gemeinde, zu der wir jetzt gehörten, hatte ich Religionsunterricht bei Vikar Hugo Aufderbeck – ein freundlicher, liebevoller Mann von großer Ausstrahlung und mit vielen Initiativen. Er legte das Fundament für meinen Glauben.

Kilometerstein 1947: Schöpfung

Wie sah es in meiner Kindheit und frühen Jugend mit meinem Glauben aus, etwa zum Thema Schöpfung? Damals galten die ersten Kapitel der Bibel schlichtweg als wörtlich genommene Tatsachenberichte. An vielen Kirchen gab es ja auch entsprechende figürliche Darstellungen. Maler nahmen sich ebenfalls gern der Szene mit Adam und Eva an, weil man bei diesem Motiv Menschen nackt darstellen konnte, und das sogar mit kirchlicher Genehmigung!

Wie volkstümlich das Thema auch im heiteren Sinne genommen wurde, zeigt ein Gedicht, das ich von meinem Vater übernommen habe:

> Es schuf der Herr vor langen Zeiten
> auch mal vom Mann ein Exemplar.
> Das schien nun freilich anzudeuten,
> dass Gott schon etwas müde war.
> Denn als er sein Geschöpf be-augte,
> da fehlt ihm dies und fehlt ihm das.
> Und an dem ganzen Manne taugte
> nur eine einz'ge Rippe was.
> Die ward ihm auch noch rausgenommen
> und eine Frau daraus gemacht.
> Drum ist sie später zwar gekommen,
> doch auch erschaffen mit Bedacht.
> Und zu der Frau'n gerechtem Lobe
> sieht man gleich auf den ersten Blick:
> Der Mann war nur das Stück zur Probe.
> Sie aber ist das Meisterstück!

Und in eine alte Lutherbibel hatte einer meiner Urgroßväter folgende Zeilen handschriftlich eingetragen, wohl um sich in dieser Kurzform die Schöpfungsgeschichte besser merken zu können:

Am ersten Tage Gott machte das Licht.
Am andern er den Himmel richt.
Am dritten schuf er Erd und Meer.
Am vierten auch das Sternenheer.
Am fünften Fisch und Vogelschar.
Am sechsten Vieh und Mensch da war.
Am siebenten hat Gott geruht,
denn seine Werke waren gut.

Dazu hatten »Bibelforscher« die genannten Generationen addiert und kamen für das Alte Testament auf 4000 Jahre. Mit den folgenden 2000 Jahren ergab das 6000 Jahre seit der Erschaffung der Welt. Auch ich sah das damals so. Man kann übrigens den Leuten für ihre Ansichten keinen Vorwurf machen, schließlich wusste man zu wenig – weder aus der Forschung, noch aus der Kirchengeschichte. Und das Konzil mit seinen Erklärungen, wie man Bibeltexte aufzufassen hatte, lag ja noch in weiter Ferne.

Kilometerstein 1948: Beichte

Nach meiner Erstbeichte und Erstkommunion im Jahre 1946 ging ich regelmäßig alle vier Wochen zur Beichte, so wie das damals angeordnet war. Früher gab es sogenannte Beichtspiegel, in denen Möglichkeiten für Sünden genannt waren: Zunächst wurden Verstöße gegen die Kirchengebote aufgezählt – etwa versäumte Sonntagsmessen – und dann folgte das große Gebiet sexueller Probleme, dies aber in zart umschriebener Form.

Kinder suchten vor der Beichte meist nach kleinen Sünden und sagten dann: »Ich habe gelogen.« Oder: »Ich habe genascht.« Einmal soll ein Kind gebeichtet haben: »Ich habe den Kindersegen verhindert.« Der Pfarrer fragte nach: »Wie hast du denn den Kindersegen verhindert?« Antwort des Kindes: »Als mir meine Mutti abends ein Kreuz auf die Stirn zeichnen wollte, drehte ich mich weg.« Im Beichtspiegel war als Sünde wohl gemeint, aber nicht deutlich genannt, wenn Kondome benutzt wurden.

Wie fühlte ich mich persönlich nach der Beichte? Ich muss gestehen: Es war alles eine Quälerei und ein Krampf. Eigentlich sollte man sich ja erlöst fühlen. Ich aber war in Sorge, dass ich meine Hauptsünde doch nicht besiegen kann. Damals waren die Priester nicht ausreichend geschult, um einem Jungen wie mir, der um 1948 in der Pubertät war, einen guten Rat geben zu können.

Erst in meinem hohen Alter – ich schreibe diesen Text ja im Jahre 2024 – kommen mir kritische Gedanken zum Gesamtthema Beichte oder Bußsakrament. Worauf gründet es sich denn? Nach kirchlicher Lehre soll doch wohl der Satz Jesu an seine Jüngerinnen und Jünger die

Grundlage dafür sein: »Welchen ihr die Sünden nachlasst, denen sind sie nachgelassen, und welchen ihr sie behaltet, denen sind sie behalten.« Hinzu nehme ich noch Jesu Wort: »Wenn du zum Altar kommst und dir einfällt, dass dein Bruder etwas gegen dich hat, dann geh zuvor hin und versöhne dich mit deinem Bruder!« Beides deutet doch auf den Wunsch Jesu zur unbegrenzten Vergebungsbereitschaft, und zwar unter allen Menschen.

Der Nachsatz »… welchen ihr sie behaltet« ist wohl Jesu Mahnung, Schuld nicht unvergeben stehen zu lassen, denn dann verbleibt sie als dunkler Block in der persönlichen und Weltgeschichte. Auch im Vaterunser bitten wir ja »Vergib uns unsere Schuld, wie auch wir vergeben unseren Schuldigern« (im Urtext sogar »vergeben haben«).

Was aber ist in der Kirchengeschichte geschehen? Da verstand man die Weisungen Jesu in dem Sinne, dass sie nicht an alle gerichtet waren, sondern nur an eine bestimmte Gruppe, die dann eine Weihe empfangen und als ein besonderer, erhobener Stand wirken sollte.

Kilometerstein 1949: Nachkriegszeit

Wir wohnten weiter in Halle, doch die Tanten waren inzwischen verstorben. Mutter führte den Haushalt, gab nebenher auch einige Klavierstunden. Vater hatte brav und wahrheitsgemäß im Fragebogen angegeben: »Mitglied der NSDAP«. Aufgrund dessen bekam er nur Arbeit als Bauhilfsarbeiter, woran er fast zugrunde ging. Er quälte sich mit Selbstvorwürfen wegen seiner Mitgliedschaft in der »Hitlerpartei« und der furchtbaren Konzentrationslager. Ich musste ihn trösten, dass er ja nichts Böses gewollt hatte.

Die Ernährungssituation war in dieser Zeit schlimm – oft herrschte direkter Hunger. Höhepunkt der Not war das Jahr 1947. Einmal wurde ich beim Ährenlesen ohnmächtig, blieb eine unbekannte Zeit auf einem Feldweg liegen, kam wieder zu mir und taumelte hungrig und ohne Ähren nach Hause. Wenn wir Erfolg hatten, wurden die Ähren in einem Sack gedroschen. Dann warfen wir – wie zu biblischen Zeiten – die Körner mit einer Schaufel gegen den Wind: Sie landeten auf einem Tuch, die Spelzen flogen weg. Anschließend folgte das Mahlen auf einer alten Kaffeemühle, und aus dem Gries ließ sich ein Brei kochen – wertvolle Nahrung gegen den Hunger!

Ich schloss die achte Klasse ab und bewarb mich bei einem graphischen Betrieb mit dem Berufswunsch graphischer Zeichner. Nach bestandener Aufnahmeprüfung erhielt ich jedoch den Bescheid: »Wir bilden in diesem Jahr keine graphischen Zeichner aus, können Ihnen aber eine Lehre als Offsetdrucker anbieten.« Das gefiel mir nicht – zu technisch und zu wenig kreativ. Da flatterte eine Karte ins Haus: »Sie können Ihre Ausbildung in der Friedrich-Engels-Schule fortsetzen.« Das war eine Oberschule mit den Klassen neun bis zwölf.

Ich lernte mit Freude, besonders mein Interesse an den Naturwissenschaften stieg. Teils hatten wir jüngere, modern denkende Lehrer, teils waren es aber auch Originale wie im Film »Feuerzangenbowle«. Nun – ein gutes Gemisch! Außerdem nahm der Druck durch die marxistische Ideologie zu. Als Christ bekam ich für die mündliche Abiturprüfung natürlich das Fach Staatsbürgerkunde zugeteilt. Im Vorfeld wurden 31 Themenkomplexe genannt. Unsere Mädchen – fleißig wie sie nun mal waren – hatten alle Themen ausgearbeitet und auch uns Jungen Durchschläge davon gegeben. Ich arbeitete diese öden Texte ebenfalls durch, allerdings nur bis zum Thema 30. Bei der Prüfung zog ich dann prompt das Thema 31: »Jugendgesetzgebung der DDR.« Da musste man wirklich etwas wissen, aber ich hatte keine Ahnung. Sollte ich das sagen? Nein, ich wollte kämpfen! Mein Plan: »Ich beginne mit der Entwicklung der DDR und versuche, damit die fünfzehn Minuten der Prüfungszeit zu füllen.« Beim Sprechen durfte ich keine Lücke lassen, damit der Vorsitzende nicht einhakte mit: »Nun kommen Sie aber bitte zur Sache!« Und ich schaffte es tatsächlich bis zum Satz des Vorsitzenden: »Die Prüfungszeit ist leider zu Ende. Sie sind zwar noch nicht ganz zum Kern gekommen, haben aber ein großes Wissen gezeigt: Zwei!« Diese fünfzehn Minuten erachte ich als die größte rhetorische Leistung meines Lebens!

In den vier Jahren hatte ich mich mit einigen evangelischen Mitschülern angefreundet. Es war doch gut, Gleichgesinnte neben sich zu wissen. Später trafen wir uns noch über viele Jahrzehnte. Inzwischen hatte auch Vater wieder Kontakt zur evangelischen Kirche. Als er gebrechlich wurde, begleitete ich ihn zu Gottesdiensten und erlebte etliche gute Predigten.

Kilometerstein 1950: Bilder

Wahrscheinlich habe ich im Gehirn eine besonders gute Struktur für Bilder. Und dafür bin ich dankbar, denn dies ist ja nicht mein Verdienst, sondern ein Geschenk. Schon früh begann ich zu zeichnen und zu malen – mein ganzes Leben lang machte es mir Freude zu zeigen, wie schön die Welt ist.

Zu meinem 13. Geburtstag schenkten mir die Eltern einen Fotoapparat, worüber ich mich sehr freute! Bestimmt hat sie das große Mühe gekostet, denn im Handel gab es keine Kameras. Sie war privat besorgt worden – eine Balgkamera für das Negativformat 6 x 9 Zentimeter. Rollfilme dafür hatten acht Bilder und kosteten 1,30 Mark. Dazu kam dann noch der Preis für das Entwickeln der Bilder in der Drogerie. Als Taschengeld bekam ich damals 2,50 Mark im Monat. Da hieß es, sparsam zu fotografieren und sich gut zu überlegen, ob die Aufnahme gemacht werden sollte, also kein Vergleich zur heutigen Leichtfertigkeit und Bilderflut.

Aber warum fotografieren wir überhaupt? Dahinter steht wohl der alte Wunsch, etwas festhalten zu wollen, ähnlich wie es in Goethes Faust um die Frage geht, ob Faust zum Augenblicke sagen könnte: Verweile doch, du bist so schön!

Mir kam meine gute Bildverarbeitung, die auf geheimnisvolle Weise im Gehirn stattfindet, sehr zugute, auch später im Beruf. Als Lehrer konnte ich völlig frei unterrichten. Alles lief über den inneren Monitor und die Speicher im Hintergrund. Natürlich bereitete ich mich zu Hause vor, aber während des Unterrichts brauchte ich keine Hilfsmittel. Damals sagte mir ein alter Kollege: »Heute können Sie das so machen. Doch je älter Sie werden, desto mehr Papier brauchen Sie.«

Unsere Speicherfähigkeit für Bilder hat aber auch eine Schattenseite: Wir speichern einfach alles! Und da sind es eben nicht nur die schönen Erlebnisse, sondern oft grauenvolle Bilder, die sich nicht löschen lassen und unter denen Menschen leiden. Doch das Schauen bringt für uns meist große Freude, schon jetzt in unserem Leben auf der Erde mit all ihrer Schönheit. Und im Glauben haben wir die Hoffnung, später einmal, wenn wir durch das Tor des Todes gegangen sein werden, »alles« zu schauen.

Jetzt aber gilt, was Paulus schreibt: »Im Glauben gehen wir unseren Weg, noch nicht im Schauen.«

Nach dem Abitur – dies lag ausgerechnet einen Tag vor dem Volksaufstand vom 17. Juni 1953 – wollte ich eigentlich Physik auf Diplom studieren. Schon im Sommer 1953 hatte ich mich dafür an der Martin-Luther-Universität in Halle-Wittenberg beworben. Doch die Mitarbeiterin im Prorektorat sagte mir: »Diplom können Sie nicht studieren, denn Ihr Vater war Nazi. Aber ich kann Ihnen das Studium für Physik- und Mathematiklehrer anbieten.« Mir schoss durch den Kopf: »Was für eine Idiotie!« Als Diplomphysiker hätte ich nur einige wenige Kollegen im Labor gehabt, doch im Lehrerberuf hätte ich – wenn ich denn tatsächlich Nazi gewesen wäre – Tausende von jungen Menschen negativ beeinflussen können. Erst später erfuhr ich: Damals ging es nur ums Geld, denn Diplomphysiker verdienten mehr als Lehrer. Trotzdem nahm ich das Lehrerstudium zunächst einmal an und dachte: »Vielleicht lässt sich da später noch etwas ändern.«

Das Studium umfasste in der methodischen Ausbildung schon recht früh Lehrproben und zu Beginn des zweiten Studienjahres ein Unterrichtspraktikum an einer Schule. Für dieses Praktikum bewarb ich mich an der Friedrich-Engels-Schule in Halle – an dieser Oberschule hatte ich ja selbst kurz zuvor das Abitur gemacht. Im Herbst 1954 übernahm ich dann zwei Wochen lang den Physik-Unterricht in zwei zwölften Klassen mit je zwei Wochenstunden. Mentor war Herr Diffring.

Als ich meine Beurteilung abholen wollte, sagte die Schulleiterin: »Ach, Kollege Müller, Ihr Mentor ist am

Wochenende nach dem Westen abgehauen. Könnten Sie bitte den Physikunterricht in den beiden Klassen bis zum Schuljahresende – also bis zum Abitur – weiterführen?« Ich sagte zu, nicht ahnend, welche Strapazen das bedeuten würde, denn das Studium lief ja weiter, und nun musste ich zusätzlich jede Woche vier Stunden vorbereiten und halten. Auch hatte ich Zensuren zu geben und an allen Klassenkonferenzen teilzunehmen. Da hat mich dann keiner mehr kontrolliert. Zum Abitur musste ich sogar mündliche Prüfungen abnehmen und bewerten. Und dabei hatte ich keinen Abschluss, letztlich also kein Recht dazu. Außerdem war ich nur eineinhalb Jahre älter als die Schüler! Dass ich da nicht als Autorität auftreten konnte, war klar. Ich verhielt mich wie ein nur wenig älterer Mitschüler, um mit allen gemeinsam den Stoff zu bewältigen.

Natürlich gehörte zum Programm auch ein Wandertag mit den beiden Klassen. Es sollte eine zweitägige Radtour in die Dübener Heide sein. Da es ja eine gemischt-geschlechtliche Gruppe war, musste auch eine Lehrerin dabei sein. Man schickte uns eine alte Dame, die im Dorf-Gasthof übernachtete, während ich mit den Schülerinnen und Schülern im Wald zeltete. Ich selbst hatte ein Einmannzelt inmitten der Gruppe.

Um Mitternacht brach eine Schlacht aus: Die Jungen hatten die Heringe aus den Mädchenzelten gerissen und rings um mein Zelt tobte daraufhin eine Schlacht mit Kienäpfeln. Was sollte ich machen? Ich tat einfach so, als ob ich schliefe. Irgendwann ebbte der Kampf ab. Am nächsten Morgen stand ich früh auf. Alles schlief erschöpft in notdürftig gestellten Zelten. Aber es gab keine ernsten Verluste. Übrigens: Sexuelle Eventualitäten waren damals noch kein Thema. Alles ging gut über die Bühne. Zum Schluss besuchte uns auch einmal die alte Lehrerin.

Als mich nach der letzten Prüfung am Ende des Studiums der Professor fragte: »Wollen Sie nicht noch Diplom machen?«, lehnte ich ab, denn es war mir klar geworden, dass es doch eher mein Ding ist, mit Menschen zu tun zu haben anstatt mit Laborgeräten.

Kilometerstein 1954: Studium

Mit Beginn meines Studiums eröffnete sich ein Blick auf sehr unterschiedliche Bereiche – vieles stürmte auf mich ein. Da war zunächst der übliche Universitätsbetrieb: Vorlesungen in experimenteller und theoretischer Physik, Mathematik (die sich leider nicht an die Schulmathematik anschloss), eine gute Psychologie und schließlich Pädagogik (wir sollten ja Lehrer werden). Darüber hinaus natürlich das allerwichtigste Fach: Marxismus-Leninismus. Dazu kamen entsprechende Übungen und Praktika sowie Seminare und Prüfungen.

Außerdem nahm ich am Leben der katholischen Studentengemeinde Halle teil. Dieses bestand zunächst aus einem großartigen Mittagstisch, den es im Hause an der August-Bebel-Straße 40 gab, im sogenannten »Heiligen Löffel«. Dort kochte ein älteres Ehepaar für eine große Zahl von Studentinnen und Studenten ein Essen in zwei Durchgängen, eine enorme Leistung. Zugleich bedeutet gemeinsames Essen natürlich eine sehr lebendige Kommunikation.

Die KSG wurde von einem Studentenpfarrer geleitet. Ich erlebte die Pfarrer Iskenius und Brockhoff. Es gab Vorträge, Gottesdienste, Gesprächs- und Literaturkreise, anspruchsvolle Theaterinszenierungen kritischer Autoren, Tanzabende zur Begrüßung der Neuen, jährlich eine Domfahrt, Kontakte sowie Reisen zu unserer Paten-KSG in Köln. Sogar eine Akrobatikgruppe existierte und zeigte ihr Können zum Patronatsfest am Tag des heiligen Thomas Morus, unseres Patrons. Man kann die Bedeutung einer solchen christlichen Studentengemeinde nicht hoch genug einschätzen, denn sie gab zum einen Impulse für den gesamten kulturellen Bereich, lieferte aber vor allem ein Gegengewicht zu dem vom atheistischen Staat ausgeübten ideologischen Druck. Hinzu kam der Kontakt zwischen den Absolventen, der für spätere wechselseitige Hilfe genutzt werden konnte.

Wichtig für mich – gerade auch in glaubensmäßiger Hinsicht – war der Kontakt zu älteren Mitstudenten des gleichen Fachs. Als mich die Macht der naturwissenschaftlichen Erweise zu erdrücken drohte, riet mir ein Physikstudent: »Schau dir doch mal die naturwissenschaftliche Methode genau an, welche Fragen sie stellt und besonders, welche sie nicht stellt.« Das tat ich, was eine große Hilfe für mich war. Für Leserinnen und Leser, die vielleicht vor ähnlichen Fragen stehen, möchte ich diese Erkenntnis weitergeben:

Die naturwissenschaftliche Methode

Hier will ich mit einer kleinen Anekdote beginnen: Als ein Student zur Physikprüfung kommt, stellt ihm sein Professor – gut gelaunt – folgende Aufgabe: »Herr Meier, sprechen Sie doch einmal über das Wesen der Elektrizität!« Herr Meier – schlecht vorbereitet – stammelt: »Herr Professor, heute morgen habe ich das noch gewusst.« Der Professor springt auf, packt den jungen Mann an den Schultern und brüllt: »Mann, überlegen Sie! Vielleicht fällt es Ihnen wieder ein. Dann wären Sie der einzige Mensch, der´s weiß!«

Der Student hätte sagen sollen: »Die Physik fragt nicht nach dem Wesen von etwas. Sie stellt keine Was-Fragen, sondern nur Wie-Fragen.« Sie fragt also nicht: »Was ist Masse, Raum, Zeit, Energie?« Sondern sie fragt nur: »Wie kann ich Zeit messen? Wie wirkt elektrischer

Strom? Wie kann ich eine Gesetzmäßigkeit in mathematische Form bringen?« Kurz: Physik untersucht nur, wie sich die Dinge verhalten und nicht, was die Dinge sind. Sie richtet also ihren Blick nur auf einen Teil der Wirklichkeit.

Zur naturwissenschaftlichen Methode selbst: Als Galilei einen Stein einen Abhang hinunterrollen sah, zuerst langsam, dann schneller werdend, wollte er es genauer wissen: Statt des Abhangs nahm er eine glatt gehobelte Holzrinne, statt des Steins eine Kugel, dazu einen Längenmaßstab, eine Uhr (es war eine Wasseruhr) und ein Blatt zum Notieren der Messergebnisse. Dann machte er das Experiment – übrigens ein interessantes Wort, denn es bedeutet nicht »Versuch«, sondern »aus der Umgebung herausgenommen«.

Galilei ließ also die Kugel rollen und notierte, welche Wegstrecken sie in welchen Zeiten durchlief. Nach 1, 2, 3, 4 Zeiteinheiten waren es die Wege 5, 20, 45, 80 Längeneinheiten. Ein Blick auf die Wegezahlen zeigte: Es waren 5x1, 5x4, 5x9, 5x16 – also die Quadratzahlen der Zeiten, multipliziert mit einem Faktor. Dieser Faktor hing vom Neigungswinkel der Rinne ab. Und damit hatte Galilei das Gesetz der »gleichförmig beschleunigten Bewegung« gefunden.

Dabei hat er aber lediglich geklärt, wie die Kugel rollt – nicht, was da wirklich geschieht und warum. Galilei lieferte also nur die Beschreibung, wie sich die Dinge verhielten. Und das genügt, etwa für technische Anwendungen. Die Methode stellt nur die Frage an die Natur: Wie verhältst du dich?

Eine Gottesfrage wird nicht gestellt. Stellt man die Methode aber – aus ideologischen Gründen – so dar, als ob sie die ganze Realität erfasst, dann fragt sich »Lieschen Müller«, wo denn der liebe Gott geblieben sei. Um jedoch genau diesen Eindruck zu erzeugen, gab sich die DDR-Führung große Mühe mit naturwissenschaftlicher Bildung. Das war also eine sehr sublime ideologische Maßnahme, natürlich ohne die gedanklichen Hintergründe zu nennen.

Heisenberg

Noch im Jahr 1954 kam der Physiker und Nobelpreisträger Werner Heisenberg zu einer Gastvorlesung an die Uni Halle. Als Veranstaltungsort war das »Audimax« vorgesehen, der größte Saal in der sogenannten Kaffeemühle, denn natürlich wollten auch viele Studierende anderer Fakultäten den berühmten Wissenschaftler erleben. Auch wir jungen Physikstudenten waren gespannt und erwarteten etwas Aufsehenerregendes aus dem physikalischen Bereich.

Aber dann wurde das Thema bekannt gegeben: »Modellvorstellungen in der Physik«. Was waren wir enttäuscht! Wütend steckte ich meinen Notizblock in die Mappe. Mit etwas Abstand sage ich heute: Wahrscheinlich war das damals das Interessanteste, was es gab. Wir aber waren dafür noch nicht reif. Vor allem war doch – wie wir später erfuhren – Heisenbergs Lebensthese, dass wir Menschen nur über Bilder und Gleichnisse Erkenntnis gewinnen. Und beim Wort »Gleichnis« klingen doch noch andere Gleichnisse auf, nämlich wie Jesus menschliche Fragen zu erklären versuchte – etwa durch Vergleiche mit Drachmen, Weizenkörnern, geknickten Halmen, glimmenden Dochten oder verlorenen Schafen.

Ähnlich in der Physik: Bei dem einen Atommodell denkt man an ein kleines Sonnensystem, bei einem anderen Modell an eine Kirsche mit hartem Kern und weichem Fruchtfleisch. Elektrischer Strom hat schon im Wort einen großen Fluss – wenn Strom durch einen Draht fließt, dann sehen wir doch vor unserem inneren Auge, wie sich kleine Kügelchen mit einem Minuszeichen auf dem Bauch durch eine Röhre bewegen. Es wimmelt also nur so von Bildern und Gleichnissen.

Ein trauriges Kapitel

Wer in der DDR studieren wollte, der musste sich dem marxistisch-leninistischen Grundstudium unterziehen. Besonders unangenehm waren die jährlichen mündlichen Zwischenprüfungen. Man versuchte zwar auszuweichen, indem man die »Klassiker« zitierte (Marx, Engels, Lenin) oder Parteitagsbeschlüsse nannte. Dann allerdings fragte der Prüfer: »Und wie stehen Sie selbst dazu?« So manchem Prüfer machte es sadistische Freude, wenn er sah, wie sich der Prüfling nun wand.

Letztlich blieb diesem jedoch nichts anderes übrig, als das Geforderte zu sagen, auch wenn er am liebsten vor sich selbst ausgekotzt hätte. Andernfalls wäre das Studium beendet gewesen. Schließlich wird dies auch Angela Merkel durchlaufen haben und mit ihr viele andere Christen, denn sonst hätte es in der DDR keine christlichen Ärzte, Lehrer und Wissenschaftler mehr gegeben.

Dazu ein kleiner Scherz von Eberhard Cohrs, einem bekannten, aber gefährlich lebenden DDR-Humoristen: Sein Freund erzählt ihm, dass er jetzt einen Kochkurs bei der Volkshochschule macht. Nach einigen Wochen treffen sie sich wieder. »Na, kannste denn schon kochen?« »Nee, wir sind erst bei der Bedeutung der Arbeiterklasse.«

Abschließend doch noch etwas Erfreuliches zu meiner Studienzeit: Zeitpunkt – 15. Oktober 1955, Ort –

ein Treppenabsatz im Haus an der August-Bebel-Straße 40. Zwischen zwei Etagen begegnen sich Studenten von unten und Leute der neu gegründeten Gemeinde »Zum Heiligen Kreuz« von oben. Es ist tatsächlich nur eine einzige Sekunde, in der ich ein junges, hübsches Mädchen sehe. Kurz: Dieses Mädchen wird meine Frau.

Kilometerstein 1955 (a): »Heilig Kreuz«

Die Sekunde auf dem Treppenabsatz im Haus an der August-Bebel-Straße 40 hatte enorme Wirkung: Ich verließ die Studentengemeinde und schloss mich der neuen Gemeinde »Heilig Kreuz« an – natürlich, um Angela oft zu sehen.

Wieder einmal tauchte ich in eine neue Welt ein. Nun vergingen die Abende auf Singekreisen. Dies hatte – im Gegensatz zu vielen Gemeinden, wo die Menschen nur passiv nach vorn schauten und sich dabei fremd blieben – den großen Vorteil, dass wir uns kennenlernten und einander auch menschlich näherkamen. Oder wir saßen bis Mitternacht bei Planungsgesprächen für Gemeindeaktionen. Schon zehn Jahre vor dem Konzil richtete Pfarrer Wortmann einen »Laienrat« ein, um dadurch viele Menschen an der Gemeindearbeit zu beteiligen. Ich übernahm die Leitung einer Jugendgruppe, Angela engagierte sich ebenfalls in der Jugendarbeit.

Die Gemeinde hatte keine Kirche – sie bestand nur aus Menschen. Einzige feste Station war die Wohnung des Pfarrers. Gottesdienste fanden reihum in evangelischen Gastkirchen statt. Wortmanns Predigten waren wuchtig. Obwohl Epistel und Evangelium eigentlich zuerst auf Latein gelesen werden mussten und dann erst auf Deutsch, las der »Steinalte« – so nannte er sich selbst – die Texte aus dem Lateinischen gleich in deutscher Sprache vor. Damit hatte er, laut eigener Aussage, ja das kirchliche Gebot erfüllt und die Texte auch auf Latein gelesen. Solche Schlitzohrigkeiten geschahen öfter, sodass sich die Gemeinde schon bald einen besonderen Ruf erwarb und von der Magdeburger Bistumsverwaltung »Sonderkirche Heilig Kreuz« genannt wurde.

In einem Sommer fuhr ich im Rahmen der »religiösen Kinderwochen« sogar mit einer größeren Jugendgruppe in ein Lager nach Westberlin. Es ging also abenteuerlich zu und ich riskierte manches. Außerdem gestaltete ich den öffentlichen Schaukasten der Gemeinde mit provokanten Bildern und Texten, sehr zum Ärger der Staatssicherheit. Aber Wortmann nahm das auf seine Kappe. Bei einer Nachtwanderung zum Petersberg wurde er von der Volkspolizei festgenommen, aber kurz danach wieder freigelassen. Es herrschten halt kämpferische Zeiten, doch die Stimmung war gut. Mit meinen zwanzig Jahren befand ich mich ja in jener Periode, die man bei Schriftstellern und Dichtern den »Sturm und Drang« nennt.

Inzwischen hatte ich auch Angelas Familie kennengelernt. Mein künftiger Schwiegervater arbeitete als Lokführer bei der Eisenbahn, ihre Mutter führte den Haushalt mit den fünf Kindern. Wiederum eröffnete sich mir eine neue Welt.

Kilometerstein 1955 (b): »Rette deine Seele!«

Was geschah nun außen in der umgebenden katholischen Welt? Da zogen in gewissen Jahresabständen Ordensgeistliche durch die Gemeinden und hielten sogenannte Missionen, bestehend aus mehreren Predigten sowie dem anschließenden Beichtehören. Konkret waren das durchaus attraktive Ereignisse unter der Überschrift »Rette deine Seele!«

Wir Jugendlichen hörten sie sogar gern, denn es war schaurig-schön, wenn der Prediger unter Nutzung aller rhetorischen Mittel – vom Flüstern bis zum Brüllen – wahre Höllenvisionen in den Kirchenraum schleuderte. Man hörte förmlich den bösen Drachen in der Tiefe japsen. Ziel der Sache war, ein starkes Sündenbewusstsein zu erzeugen und psychischen Druck auszuüben, damit sich dann anschließend große Schlangen vor den Beichtstühlen bildeten. Und das Ganze funktionierte tatsächlich mit prächtigem Ergebnis! In und vor manchen Kirchen findet man auch heute noch Kreuze, in deren Stamm die Jahreszahlen der Missionen eingetragen sind. Da fand ich als letzte Zahl die 1955.

Was stand dahinter? Um dies wirklich deutlich darzustellen, reicht der Umfang dieses Buches nicht, denn hier eröffnet sich ein riesiges theologisches Gebäude, das im Verlauf von etwa 1700 Jahren aufgebaut wurde. Sie bemerken, dass ich die ersten drei Jahrhunderte der jungen Kirche weglasse, denn das war die Zeit der bescheiden lebenden, kleinen und oft unter Verfolgung stehenden Gemeinden, bevor unter dem römischen Kaiser Konstantin im Jahre 313 die Verfolgung der Kirche beendet wurde.

Zu diesem Zeitpunkt strömten nun große Menschenmassen in die Kirche. Dies war sozusagen der Übergang von den Katakomben in die Kathedralen. Es wurden aber nicht nur große Kirchen gebaut, darüber hinaus mussten auch Verwaltungsstrukturen gebildet werden, und als Modell dafür nahm man den Bau des Römischen Weltreichs – also die Regierungsform der absoluten Monarchie.

Bischöfe hatte es schon vorher gegeben, das waren einfach die Gemeindeleiter gewesen. Nun aber schaffte man die Struktur Papst – Bischöfe – Priester – Laien. Um Kirche zu stabilisieren und auch einladend zu gestalten, wurde verkündet: »Nur getaufte Kirchenmitglieder kommen nach dem Tod in den Himmel, andere nicht.« Kurz zusammengefasst bedeutete das: »Außerhalb der Kirche kein Heil.«

Parallel dazu wurde – durch das Mittelalter hindurch – ein riesiges theologisches Gebäude entwickelt, das mir damals, im Jahre 1955, noch nicht bewusst war und das ich erst viele Kilometersteine später erkannte. Dies werde ich an entsprechender Stelle darstellen.

Kilometerstein 1957: Dorflehrer

Im Jahre 1957 erfolgte dann mein Studienabschluss. Als Staatsexamensarbeit hatte ich die experimentelle Aufgabe, zur sogenannten Rayleigh-Streuung einen Experimentaufbau zu entwickeln. Diese Gesetzmäßigkeit beschreibt die frequenzabhängige Streuung von Licht an Gasen und Flüssigkeiten und ist letztlich der Grund, warum der Himmel blau ist. Die experimentelle Arbeit hatte sich verzögert, sodass ich den Abschluss erst machen konnte, während ich im Herbst 1957 schon als Lehrer tätig war. Erst dann war ich auch offiziell »Oberstufenlehrer für Physik und Mathematik«.

Am 1. September 1957 begann ich meine Arbeit als Lehrer an der zehnklassigen Polytechnischen Zentralschule Zöschen, Kreis Merseburg. Dort bewohnte ich ein Zimmer im Schulhaus, pendelte aber oft per Bahn oder Fahrrad zwischen Halle und Zöschen. Ich wurde Klassenlehrer einer 10. Klasse, unterrichtete also schon junge Frauen und Männer von sechszehn bis siebzehn Jahren in den Fächern Mathematik und Physik. Der Unterricht lief problemlos, in freundlicher Atmosphäre.

Auch in den Klassen 5 bis 9 unterrichte ich, einmal sogar vertretungsweise in einer ersten Klasse. Als wir schreiben übten, meldete sich ein kleines Mädchen, das mit seinem Schreibgerät Probleme hatte, und sagte: »Herr Müller – mein Füller!« Sofort bemerkten die Kinder mit großem Jubel den Reim – die Stunde war gelaufen! Immer wieder gluckste es irgendwo im Klassenraum: »Herr Müller – mein Füller.«

Zöschen ist ein mittelgroßes Dorf zwischen Leipzig

und Merseburg, hat eine alte evangelische Kirche, eine
– aus einer Scheune entstandenen – katholische Kirche,
aber vor allem auch eine Dorfkneipe. Als Fremder hatte ich zunächst Schwierigkeiten, zu den »Eingeborenen«
in Kontakt zu treten. Also ließ ich mich eines Abends
absichtlich in der Dorfkneipe volllaufen, sodass ich von
Kollegen mühsam nach Hause geschleppt werden musste. Das sprach sich schnell herum, und von da an war ich
anerkannt.

So ein Dorf ist eine eigene Welt: Jeder kennt jeden
und geheim bleibt kaum etwas. Ich fand Kontakt zu einer »Bratkartoffel-Mama«, die mir während der Woche
eine gute Hausmannskost kochte. Auch beim Schuhmacher Biermann war ich öfter. Er machte – zusammen
mit einem Freund – Musik für verschiedene Anlässe. Als
an einem solchen Termin der Freund krankheitsbedingt
ausfiel, der sonst Kontrabass spielte, bat mich der Schuhmacher, für ihn einzuspringen. Ich übte kurz und ging
mit. Es war Winter mit hohem Schnee, und die Feier
fand im Nachbardorf statt. Wir zwei stapften los, ich mit
der großen »Oma«. Es wurde ein ganz lustiger Abend.

Mit dem evangelischen Pfarrer freundete ich mich
ebenfalls an. Er war eigentlich Ingenieur und übte das
Pfarreramt nebenamtlich aus. Manchmal holte ich mir
von ihm den Schlüssel zur alten Kirche, um dort etwas
Einfaches auf der Orgel zu spielen. Die kleine katholische Gemeinde in Zöschen wurde von Merseburg aus betreut. Von dort kam meist Vikar Lawetzky zum Gottesdienst. Dazu spielte ich manchmal Harmonium, einmal
sogar zu einem Requiem. Das übte ich zuvor im leeren
Kirchenraum, direkt neben dem schon aufgestellten Sarg
– ein etwas seltsames Gefühl.

Als Christ hatte man in der DDR einen schweren Stand und der Kampf der DDR-Ideologen gegen den christlichen Glauben wirkte sich natürlich auch stark auf den schulischen Bereich aus. Da gab es teils furchtbare Szenen, etwa wenn eine stramm auf DDR-Kurs stehende Lehrerin in einer Grundschulklasse fragte, ob eines der Kinder noch an Gott glaube. Stand ein Kind auf, sagte die Lehrerin: »Dann wollen wir es mal alle auslachen!«

Es gab jedoch auch großartige Glaubenszeugnisse: Eine Lehrerin fragte: »Was hat er denn gebracht, euer Jesus?« Und ein kleines Mädchen antwortete: »Die Hoffnung.«

Kinder starteten ihr Schulleben mit dem Grundvertrauen, dass andere Menschen nichts Böses wollten. Daher waren Lehrer und Lehrerinnen zunächst erfolgreich, wenn sie in einer ersten Klasse fragten, ob zu Hause bei den TV-Abendnachrichten die Fernsehuhr Punkte oder Striche habe. Daran konnte man nämlich feststellen, ob die Eltern Ost- oder West-Fernsehen schauten. In der zweiten Klasse funktionierte das nicht mehr. Da hatten die kleinen siebenjährigen Menschen bereits gelernt, dass man deutlich unterscheiden musste, wo man etwas so oder so sagen musste. Sie hatten sich also umgestellt auf jene innere Kontrollstation, wie sie für jede Diktatur typisch ist und das Vorankommen sichert. Das Vertrauen war in Misstrauen gewandelt worden, im Grunde ein furchtbares Geschehen!

Dann kam eine weitere Klippe, wenn es um die Mitgliedschaft in der Pionierorganisation ging sowie in der anschließenden »FDJ«, der »Freien Deutschen Jugend«. Übrigens hatte ich selbst in der Nazizeit schon das gleiche System erlebt. Die »Pioniere« hießen damals »Pimpfe« und die »FDJ« hieß »HJ« (Hitlerjugend). Nun wurden die Schüler also mehrheitlich »Junge Pioniere«. Was sollten Christen machen? Denn eigentlich lieben auch christliche Kinder Gemeinschaft und möchten nicht ausgeschlossen sein – in den Familien wurde dies unterschiedlich entschieden.

Und schließlich gab es am Ende der achten Klasse noch eine dritte Konfliktstufe, nämlich die Frage, ob Christen zur »Jugendweihe« gehen sollten. Die Kirchen sprachen sich deutlich dafür aus, die Jugendlichen in diese Belastung zu führen. Es hieß »Konfirmation oder Jugendweihe«. Hier entschieden die Eltern oder auch die jungen Leute selbst ebenfalls unterschiedlich. Für den atheistischen Staat ging es um die Überprüfung der Unterwerfung und um die Ersetzung aller Lebensstufen, die vorher christlich geprägt waren, durch »sozialistische«. Das begann mit der »Sozialistischen Namensgebung«, ging über die »Jugendweihe« und weiter über die »sozialistische Eheschließung« bis hin zur Bestattung.

Für Familien, die sich schon seit mehreren Generationen von jeglichem kirchlichen Bezug verabschiedet hatten, lief dieses neue Feierprogramm dagegen ohne Konflikt und wird – bei der Jugendweihe – auch nach dem Ende der DDR bis zur Gegenwart fortgesetzt. Daher unterscheidet sich auch der Rückblick auf die DDR recht deutlich, je nach Familientradition. Die tragische Besonderheit der DDR-Bevölkerung war es, dass sie hintereinander zwei Diktaturen ertragen musste!

Zum Thema Landwirtschaft: Eines Tages erging ein Befehl der SED, dass alle Lehrerinnen und Lehrer Traktor fahren lernen mussten. Also versammelten wir uns – auch unsere ganz alten Kolleginnen – in der MTS, der

Maschinen- und Traktoren-Station, und erhielten zunächst Theorieunterricht. Anschließend ging es auf den Traktor. Mir als jungem Mann machte das sogar Spaß. Nach kurzer Zeit hatte ich den »Schicht-Traktoristen-Schein« und konnte damit sogar über öffentliche Straßen fahren. Ganz stolz war ich, als ich einmal einen Traktor zu einer Reparaturwerkstatt nach Ammendorf bringen durfte. Für wirkliche Arbeiten auf dem Feld wurden wir aber nicht eingesetzt. Das Ganze war wohl nur eine ideologische Maßnahme, um die »Intelligenz« mit den »Arbeitern und Bauern« zu verbinden.

In meine Zöschener Zeit fiel auch die von der SED befohlene Kollektivierung der Landwirtschaft. Wir Lehrer sollten bei den Bauern dafür werben, in die sogenannten Landwirtschaftlichen Produktionsgenossenschaften einzutreten. Viele wollten das nicht, es gab Suizide. Andere flohen nach Westdeutschland.

Erstaunlich in Zöschen: Zum katholischen Gottesdienst kam auch mein Schulleiter, obwohl er SED-Genosse war. Ursprünglich stammte er aus den Sudeten, war von daher katholisch und außerdem ein alter SPD-Mann. Mit dem von der Sowjetunion erzwungenen Zusammenschluss von KPD und SPD zur SED auf dem Vereinigungsparteitag im Jahre 1946 wurde auch er SED-Mitglied und durfte deshalb Schulleiter sein. Leider ging er zwei Jahre später in den Ruhestand. Sein Nachfolger war ein strammer Genosse. Und sofort knallte es zwischen ihm und mir, denn mein auch öffentliches Bekenntnis als Christ war ihm ein Dorn im Auge. Schließlich führte dies zum Ende meines Schuldienstes bei der »Volksbildung«, dazu später mehr.

Kilometerstein 1959: Vaters Tod

Mein Vater Werner Müller war Jahrgang 1886, geboren in Halle und das jüngste von fünf Kindern. Seine Vorfahren stammten aus Thüringen. Aus einer Urkunde – geschrieben zur Nazizeit, als alle Menschen ihre »arische Großmutter« nachweisen mussten – hatten wir die Information, dass im Jahre 1585 ein Mühlenarbeiter namens Wendel Müller in dem kleinen Ort Sundhausen (Kreis Langensalza) eine Anna Schmieden heiratete. Später stellte einer unserer Enkel durch moderne Forschung fest, dass die Geschlechterfolge bis zu uns wohl nicht so ganz stimmte. Nun sei´s drum!

Vaters Linie war evangelisch bis zu ihm einschließlich. Da er nach seiner Kaufmannslehre in Halle keine Arbeit fand, zog er 1909 ins Rheinland. Dort heiratete er 1913 in der Kleinstadt Bendorf (Rhein) die katholische Agnes Graf. Aus dieser Ehe gingen vier Kinder hervor.

Nach dem recht frühen Tod seiner Frau heiratete mein Vater 1934 ein zweites Mal, nämlich Agnes Biesel aus Merzig im Saargebiet. Auch sie war katholisch. Bei der Eheschließung musste mein künftiger Vater schwören, dass eventuelle Kinder katholisch erzogen werden sollten. Aus dieser zweiten Ehe ging nur ich hervor: Paul Dieter Müller. Wenn mein Vater mich vom Spielen nach Hause rief, sagten die Spielkameraden: »Dein Opa hat gerufen!«, aber er hatte ja auch das entsprechende Alter. Ich spielte mit ihm nie Fußball, dafür führten wir viele Gespräche über Gott und die Welt.

Geerbt habe ich von ihm seine lustige Art beim Erzählen von Witzen in riesigen Mengen. Dazu kam seine

Dichtkunst im Sinne von Alltagslyrik für viele, meist familiäre Anlässe. Manches war so originell, dass sich seine Freunde davon etwas abschrieben – wie etwa dies:

> Liebe Mutti, glaube mir:
> Wenn ich Geld hätt´, schenkt ich dir
> viele wunderschöne Sachen,
> um dir eine Freud´ zu machen.
> Doch, du weißt, Geld hab ich nicht.
> Pumpen, Stehlen tu ich nicht.
> Ich hab nur eins, es stiehlt kein Dieb:
> Das kleine Wort: Ich hab dich lieb.

Oder, wenn er mich zu Bett brachte, sagte er: »Du liebes kleines Dieterlein, hast du es gut in deinem warmen Bettchen. Dein armer Papi, der muss jetzt in die Wirtschaft, dort auf einer harten Holzbank sitzen und das kalte, kalte Bier trinken!« Ach, was tat er mir leid!

Nun, im März 1959, ging es dem Ende entgegen – Vater hatte Magenkrebs. Der evangelische Pfarrer der Pauluskirche in Halle besuchte uns und hatte Kelch, Patene und Hostie mitgebracht. Am Krankenbett sprach er die Einsetzungsworte und Vater kommunizierte.

Kurz vorher hatte er bei meiner Mutter gebeichtet. Irgendetwas, das ihn bedrückte, wollte er noch loswerden. Was das war, weiß ich nicht. Auch Mutter wahrte das Beichtgeheimnis. Für solchen Wunsch und Anlass halte ich Beichte für sinnvoll.

In der Nacht zum 6. März 1959 verstarb Vater.

Kilometerstein 1960: Hochzeit

Inmitten schwieriger Zeit wollten Angela und ich heiraten. Verlobt hatten wir uns schon Weihnachten 1958 – Vater war noch dabei – und nun sollte sie sein, unsere Hochzeit: Geplant hatten wir sie für Freitag, den 15. Juli 1960.

Am Montag, den 11. Juli 1960 hatten wir zunächst einen Termin zur Eheschließung beim Standesamt Halle-Ost. Ich hatte ja Ferien und Angela nahm sich für kurze Zeit von der Arbeit frei. Wir kamen allein und in Alltagskleidung zum Standesamt – in der Hand keine Blumen, sondern nur nasse Regenschirme. Uns empfing eine ältere Dame in schönem, dunkelblauem Kleid mit Spitzenkragen. Sie hielt eine kleine Ansprache , bevor sie die Amtshandlung vollzog. Dann steckten wir uns die billigen Blechringe an, unterschrieben und gingen. Was mag sich die alte Dame wohl gedacht haben? Sie tat uns leid, aber das konnten wir ihr nicht sagen.

Was war der Hintergrund für unser fast schon unhöfliches Verhalten? Letztlich war es die Verachtung für den sozialistischen Staat, der sich – wie in einem der vorherigen Kapitel bereits dargestellt – in alles einmischte. Und es war wieder eine Folge des ideologischen Kampfes zwischen uns, den benachteiligten und verachteten Christen auf der einen sowie der bedrückenden Staatsmacht auf der anderen Seite.

Am Freitag danach folgte dann unsere eigentliche Hochzeit mit Gottesdienst und Trauung in der Kapelle des Hauses August-Bebel-Straße 40. Zelebrant war Pfarrer Friedhelm Wortmann. Diesmal steckten wir uns Ringe aus 333er Gold an, gefertigt aus einem Ring meines Vaters und einem goldenen Anhänger, den wir von Angelas Verwandtschaft bekamen. Zu kaufen gab es Gold nämlich nicht. Wir feierten im Haus der Studentengemeinde und hatten für diesen Freitag vom Pfarrer die Dispens erhalten, ausnahmsweise auch Fleisch essen zu dürfen. Frauen aus der Gemeinde bereiteten das Festmahl zu.

Von nun an wohnten wir im zweiten Stock von Mutters Wohnung in der Ludwig-Wucherer-Straße 26. Übrigens war dies die alte Müllerwohnung, in der schon mein Vater großgeworden war. Nach der Hochzeit arbeitete Angela auch weiterhin in der Redaktion der CDU-Zeitung »Der Neue Weg«. Der Start dieses neuen Lebensabschnitts war neben der Freude in der Partnerschaft leider auch mit der Sorge um mein weiteres Berufsleben verbunden, darauf gehe ich im nächsten Kapitel noch ausführlicher ein.

Als Angela schwanger wurde, freuten wir uns auf das neue Leben – für März 1961 erwarten wir die Niederkunft. Wir fühlten die Bewegungen des kleinen Wesens. Ob es ein Junge oder ein Mädchen wurde, wussten wir nicht.

Der März nahte. Nachdem wir eines Tages keine Bewegungen des Kindes mehr feststellen konnten und auch der Frauenarzt keine Herztöne mehr hörte, erfolgte Angelas Einweisung ins St. Barbarakrankenhaus. Dort trat zwar eine reguläre Geburt ein, aber das Kind – ein Mädchen – kam tot zur Welt. Noch im Kreißsaal schrie Angela: »Das Kind muss getauft werden!« Denn es drohte, so die damalige kirchliche Lehre, ja der Limbus, volkstümlich »die Vorhölle«, also jener »Ort«, an den ungetauft gestorbene Kinder kommen – zwar ohne Höllenfeuer, aber auch ohne die »Anschauung Gottes«. Dieser Kummer kam zu unserem Leid nun noch hinzu. Wir konnten erreichen, dass unser Kind durch Pfarrer Wortmann kirchlich bestattet wurde. Dazu kam sogar ein Hallore in seinem feierlichen Gewand, um den kleinen weißen Sarg zu tragen.

Halloren sind Angehörige eines kleinen slawischen Volksstammes, die im Mittelalter, nachdem in der Stadt Halle durch Pest viele Menschen gestorben waren, die Leichen bestatteten. Als Dank erhielten die Halloren das Privileg, alle Bestattungen in Halle zu leiten oder zu begleiten. Das geschah in feierlichen Gewändern mit Dreispitz und Silberknöpfen am langen Rock. Inzwischen ist dieser Brauch jedoch weitgehend ausgeklungen. Damals bei unserer Totgeburt galt er aber noch.

An dieser Stelle möchte ich – im Vorgriff auf das, was ich heute weiß – doch schon Stellung nehmen zu dem, was Theologen über die Jahrhunderte hin an Spekulationen entwickelt haben. Es ist ja zunächst schon eine gewisse Dreistigkeit, Gott vorschreiben zu wollen, was er mit einem gestorbenen Menschen zu tun hat. Wir wissen heute, dass uns angesichts des Todes doch nur bleibt, auf die Liebe und Barmherzigkeit unseres himmlischen Vaters zu vertrauen. So will Jesus doch wohl seine frohe Botschaft verstanden wissen. Was aber dachten sich die strengen und unbarmherzigen mittelalterlichen Theologen?

Seither galt Folgendes: Zuerst kommt der Gestorbene zum Partikulargericht und dort wird entschieden: Sofort in den Himmel kommen Märtyrer – sofort in die Hölle Selbstmörder, die dann auch nicht in geweihter Erde bestattet werden, sondern irgendwo auf Selbstmörderfriedhöfen wie etwa in der Dölauer Heide bei Halle. Ins Fegfeuer (lat. »Purgatorium«, Reinigungsort) kommen so ziemlich alle, nämlich zur Ableistung der »zeitlichen Sündenstrafen«, falls das nicht durch das Ablasswesen anders geregelt wird.

Die ungetauften Kinder kommen in den Limbus. Zeitweilig gab es übrigens sogar einen Limbus für Erwachsene, nämlich für jene Menschen (und das müssen ja enorm viele gewesen sein), die vor dem Kreuzestod Jesu gelebt haben und gestorben sind. Diese mussten nämlich vor der Himmelstür warten, bis Jesus durch seinen Kreuzestod die Schuld Adams gesühnt hatte. Deshalb heißt es im Credo »hinabgestiegen in das Reich des Todes« (früher sogar: »… in die Hölle«), weil Jesus die dort Wartenden abholen und in den Himmel führen sollte. Im Lied heißt es dann: »… denn verschlossen war das Tor, bis der Heiland trat hervor«.

Bleibt die Frage, wie man heute damit umgehen soll. Es ist wohl am besten, diese Seltsamkeiten nicht mehr zu erwähnen und »zu vergessen«, wie es ja sowieso vielfach kirchliche Praxis ist. Allerdings muss man dann auch alle entsprechenden Stellen in Liedern und liturgischen Texten streichen, in denen solche alten Thesen vorkommen. Und das ist viel.

Aber dies alles ist jetzt noch nicht dran – ich habe ja vorgegriffen.

Kilometerstein 1961 (a): Hugo Aufderbeck

Das Schuljahr 1959/60 endete dramatisch, denn der ideologische Konflikt hatte sich inzwischen weiter verschärft. Bei einem Gespräch mit dem Schulrat in Merseburg verlor ich – ein sonst freundlicher Mensch – die Fassung und brüllte diesen mit dem Vorwurf an: »Wir erziehen unsere Kinder und Jugendlichen zu Lügnern, die in ihren Köpfen gespalten sind zwischen dem, was sie sagen müssen, und dem, was sie denken.« Dies endete mit einem totalen Zerwürfnis und ich wurde anschließend mit einem Nervenzusammenbruch krankgeschrieben.

Danach versuchte ich, eine neue Arbeitsstelle zu finden, was mir jedoch nicht gelang. Zuerst hatte ich mich beim »VEB Chemische Werke Buna« beworben. Im ersten Gespräch wollte man mich auch gern nehmen, doch als ich drei Tage später nachfragte, sagte die Bearbeiterin: »Wir können Sie leider nicht einstellen, denn Ihre Kaderakte ist angekommen.« Diese Kaderakten wanderten durch das ganze Berufsleben aller Menschen.

Da holte ich mir Rat bei einem Studienfreund aus der Studentengemeinde, der Nervenarzt geworden war. Er empfahl mich an einen Kollegen weiter. Dieser untersuchte mich und stellte mir ein Attest aus, das ich selbst nie gesehen habe und das sofort nach Berlin an das Volksbildungsministerium ging. Es muss wohl die Aussage gehabt haben: »Dieser Mensch ist für den Schuldienst nicht mehr brauchbar, kann aber andere Arbeiten durchaus noch ausführen.«

Die nächste Bewerbung ging dann an den Wetterdienst und war erfolgreich: Ich wurde eingestellt als »Hilfstechniker im anlernenden Dienst«. Dieser begann mit einer Einführung auf der Wetterwarte Wernigerode, übrigens sehr informativ über die Meteorologie von damals. Dort erlebte ich außerdem die Aufstiege der Wetterballone und wanderte auch mal zu Fuß zur Wetterstation auf dem Brocken, nachdem ich vom Rathaus die Genehmigung zum Betreten des Sperrgebiets erhalten hatte.

Anschließend arbeitete ich im Zwölfstunden-Schichtdienst auf der Station Halle-Kröllwitz. Auch dies war interessant, ich habe viel gelernt und von daher bis heute ein gutes Verständnis für das Wettergeschehen. Neben den Meldungen, die alle neunzig Minuten – codiert in Fünfer-Zahlengruppen – an die Zentrale nach Leipzig gegeben werden mussten, gab es auch Sonderdienste. Einmal fragte beispielsweise die Kriminalpolizei, ob es an einem bestimmten Tag – Wochen zuvor – geregnet habe. Dabei ging es wohl um die Überprüfung von Aussagen. Zudem waren Wetterwarnungen an Großbetriebe zu geben. Als ich einmal eine Gewitterwarnung meldete, lachte der Kollege: »Vor fünf Minuten hat der Blitz unseren größten Schornstein umgehauen!«

Wettervorhersagen waren damals noch ein aufwendiges Geschäft: Zuerst mussten in einem Gebiet von Nordafrika bis zum Nordpol auf hunderten von Stationen – auch von Schiffen auf dem Ozean – Messdaten an die Zentralen gemeldet werden, da es noch keine Wettersatelliten gab. Dann wurden Wetterkarten gezeichnet, alles noch ohne Computer. Nun betrachteten Fachleute die Karten und verglichen diese mit etwa dreißig typischen Wetterlagen, die wirklich schon einmal stattgefunden hatten. Darunter stand, wie es damals weitergegangen war. Und das wurde dann als Vorhersage gegeben.

Übrigens: Als ich später meine Arbeit in einer kirchlichen Einrichtung begann, kam die Kaderakte dort nicht mehr an. Ich habe sie also nie gesehen. Denn dem »Klassenfeind Kirche« wollte man diese wichtigen Dokumente natürlich nicht in die Hand geben, denn sie waren ja – neben den Stasi-Akten – ein wichtiges Element der Überwachung. Jedenfalls sah es ganz so aus, dass die Arbeit beim Wetterdienst mein beruflicher Lebensweg sein würde. Aber dann sollte es doch noch anders kommen: Meine Mutter nahm an einem Einkehrtag teil, den Hugo Aufderbeck hielt. Direkt nach dem Krieg hatte er mir während des Religionsunterrichts ja bei meinem Glaubensstart geholfen.

Hugo Aufderbeck

Nun war er Leiter des Seelsorgeamtes in Magdeburg. In der Mittagspause des Einkehrtages sprach meine Mutter mit ihm, und da ging es auch um mich. Er wusste, dass im Magdeburger Norbertuswerk – eine Einrichtung für spätberufene Priesteramtskandidaten – in nächster Zeit ein alter Lehrer mit den Fächern Physik und Mathematik in den Ruhestand gehen würde.

Aufderbeck empfahl meiner Mutter, dass sich Sohn Dieter doch mal bei Rektor Braun melden solle. Im Hintergrund redete er außerdem mit Braun. Dies ist Aufderbeck hoch anzurechnen, denn er und Braun waren sowohl menschlich als auch theologisch von völlig verschiedener Art. Also meldete ich mich in Magdeburg, machte aber sofort etwas falsch: Ich klopfte an Brauns Tür – keine Reaktion. Ich klopfte nochmals – nun hörte ich ein ärgerliches »Herein!« Erst später erfuhr ich: Außen am Türrahmen war eine Leuchtanzeige mit dem Wort »Herein« angebracht. Wenn also jemand klopfte, eilte Braun innen zu einem Schaltknopf, drückte diesen – und außen leuchtete das Lämpchen. Unser Gespräch verlief dennoch freundlich. Allerdings versank ich, als ich mich in den Sessel vor Brauns Schreibtisch setzte, so tief, dass meine Kinnlade gerade auf der Höhe der Schreibtischkante war. Wenn ich später mit ihm sprach, blieb ich immer stehen.

Anschließend gab es im Hintergrund einen Briefwechsel zwischen Rektor Braun und meinem Heimatpfarrer Wortmann. Braun fragte an, was der Müller für ein Mensch ist, und Wortmann antwortete: »Den kannst du nehmen, Dieter Müller ist mit der Kirche verbunden.« Von diesem Briefwechsel weiß ich nur, weil er mir vierzig Jahre später bei der Auflösung der Schule in die Hände fiel.

Am 1. September 1961 begann ich mit meiner Arbeit am Norbertuswerk in der Sieverstorstraße 51, die sich im Magdeburger Stadtteil »Alte Neustadt« befand. Kurz zuvor – am 13. August 1961 – hatte der Mauerbau stattgefunden und damit die totale Abriegelung der DDR. Aus diesem Grund rechnete ich mit einer innenpolitischen Verschärfung und der baldigen Schließung dieser kirchlichen Schule. Aber ich sagte mir: »Die kurze Zeit bis dahin kannst du ja noch dort arbeiten.« Daraus wurden dann 39 Jahre. Schlussfolgerung: Gott hat es wohl nicht so sehr mit der Wahrscheinlichkeitsrechnung!

Kilometerstein 1961 (b): Norbertuswerk

Dieser Name bezog sich auf den heiligen Norbert von Xanten, den Gründer des Prämonstratenser-Ordens und späteren Magdeburger Erzbischofs aus dem 12. Jahrhundert. Das »Werk« ist zum einen ein Modebegriff der damaligen Zeit, zum anderen aber auch eine pfiffige Tarnbezeichnung, da es in Magdeburg – der Stadt des Schwermaschinenbaus – ja mehrere Werke gab: das Thälmannwerk, das Karl-Marx-Werk, das Dimitroff-Werk und eben auch das Norbertuswerk. Der Vorteil war, dass wir durch diese Bezeichnung an die Werksversorgung mit Lebensmitteln angeschlossen waren. Außerdem konnte ich physikalische Geräte für den Unterricht in unserer Werksschule bestellen. Offiziell fragte niemand, was wir denn herstellten. Eine scherzhafte Antwort wäre: Popenstifte.

Rein formal war das Norbertuswerk eine Schule des Zweiten Bildungswegs, denn die eintretenden Schüler mussten eine abgeschlossene Berufsausbildung haben, also 18 Jahre oder älter sein, um dann in einem drei- oder vierjährigen Kurs das Abitur zu erwerben.

Warum aber wurde gerade diese kirchliche Schule überhaupt gegründet? Dazu die Vorgeschichte: In der DDR gab es damals sieben »Jurisdiktionsbezirke«. Das waren zum einen schon bestehende Bistümer wie Berlin und Dresden-Meißen, andererseits aber Teilstücke von Bistümern, die durch Grenzen geteilt worden waren. Der Vatikan wollte daran nichts ändern, bis eine offizielle staatspolitische Regelung getroffen wurde. So gehörte beispielsweise das Magdeburger Gebiet als »Kommissariat« zum Bistum Paderborn. Von dort bekamen wir unsere Priester. Jedenfalls lief das bis 1951 so, dann sperrte die DDR den weiteren Priester-Zuzug. Daher galt es nun, eigene Ausbildungseinrichtungen zu schaffen. Also wurden in Erfurt das Philosophisch-Theologische Studium gegründet, an mehreren Orten Priesterseminare und eben auch das Norbertuswerk. Als Werbung dafür hatte Hugo Aufderbeck in der Leipziger Kirchenzeitung »Tag des Herrn« einen Beitrag mit dem Titel »Vom Autoschlosser zum Diasporapriester« geschrieben. Aus der ganzen DDR kamen daraufhin die Bewerber nach Magdeburg. Der erste Kurs startete 1952 mit einer recht großen Zahl junger und auch etwas älterer Männer, es waren sogar noch Kriegsteilnehmer dabei. Die Ausbildung lief über vier Jahre in folgenden Abschnitten: Unterkurs – Mittelkurs – Oberkurs – Abschlusskurs. Bei hoher Studierendenzahl wurde der Jahrgang in zwei Parallelkurse geteilt. Später stellte man die Ausbildung auf drei Jahre um.

Auf dem Grundstück an der Sieverstorstraße stand eine Jugendstilvilla und dahinter befand sich ein Park, in dem weitere Gebäude standen. Diese waren schon von Norbertinern errichtet worden – wir hatten ja viele Gewerke – und dienten zum Wohnen oder als Unterrichtsräume. Bis auf den Artikel von Aufderbeck betrieben wir keinerlei Öffentlichkeitsarbeit, daher wussten bis zur Wende selbst die Bewohner in der Nachbarschaft nicht, was für eine Einrichtung es überhaupt war. Wir empfanden das »NW« jedoch wie ein Botschaftsgelände: Wenn wir durch das Tor hereinkamen, waren wir quasi exterritorial – also nicht mehr in der DDR – und befanden uns wie auf einer »Insel im Roten Meer«. Die Staatssicherheit hatte natürlich ein Auge auf uns, wurde aber nicht aktiv, sondern beobachtete nur.

Verwaltet wurde das Haus im Auftrag der Bischofskonferenz vom örtlichen Magdeburger Bischof. Und der wiederum hatte die Leitung an Rektor Braun delegiert. Wir waren also ziemlich unabhängig und autark. Beim Abitur richteten wir uns nach der preußischen Prüfungsordnung von 1923, weshalb unser Abitur auch in Westdeutschland galt, nicht aber in der DDR. Hier konnte man damit nur in Erfurt Theologie studieren.

Im Hause gab es einen kleinen Konvent von Ordensschwestern. Eine der Schwestern war Studienrätin und unterrichtete, eine andere im Büro widmete sich der Verwaltung, die übrigen waren in Küche und Haus tätig. Zusätzlich waren noch andere Frauen für Küche, Wäschewaschen und Reinigung zuständig. Die Neuen wurden aus Spaß ins Büro von Schwester Salvatora geschickt. Man sagte ihnen jedoch nicht den richtigen Namen, sondern: »Geh mal rauf zu Schwester ›Kaloderma‹«. Das ist Griechisch und heißt »schöne Haut« – doch das Gesicht der entsprechenden Schwester war von Falten übersät. Da gab es immer wieder großartigen Ärger!

Das Kollegium war ein gutes Gemisch aus Jung und Alt. Alte Lehrer für Griechisch und Latein hatte Rektor Braun aus der Rente zurückgeholt. Und zu den Jüngsten gehörten ein Kollege und ich mit unseren 26 Jahren.

Zunächst unterrichte ich nur Mathematik und Physik, später kamen noch Erdkunde und künstlerisches Gestalten hinzu. Zur Verfügung hatte ich einen gut eingerichteten Physiksaal mit vielen Geräten für experimentelles Arbeiten. Mir machte es jedenfalls viel Freude und – so hoffe ich – den Studierenden auch.

Zu meinem religiösen Innenleben: Während meiner Zeit im Norbertinum akzeptierte ich die geltende kirchliche Lehre ohne Abstriche. Das war auch gut so, denn bei zu kritischem Denken wäre mir die Arbeit bestimmt schwergefallen. Doch war ich inzwischen kein Kreationist mehr: Die Bibeltexte nahm ich nicht mehr wörtlich als Tatsachenberichte, wie etwa die ersten Kapitel des Buches Genesis, sondern ich erkannte die Evolution an. Allerdings waren mir die Konsequenzen noch nicht klar, schließlich eröffnete sich da ja ein weites Feld, das ich zu dieser meiner Frühzeit noch nicht in Gänze überblickte.

Kurz nachdem der sowjetische Kosmonaut Juri Gagarin mit seinem Weltraumschiff die Erde umrundet hatte, erschien in der DDR ein Buch mit dem Titel »Der Sputnik und der liebe Gott«. Der Inhalt ist knapp erzählt: Da flog Gagarin durch das Weltall – also durch den Himmel, der ja nach volkstümlich-primitiver Auffassung das Wohnzimmer Gottes sein soll. Und niemand war zu sehen.

Das mag zwar geistig recht schlicht klingen, aber es war gerade deshalb klug gedacht und damit propagandistisch äußerst wirkungsvoll. Es ist zu vermuten, dass sich dadurch so mancher von glaubensmäßigen Resten verabschiedet hat.

Dass es so wirkte, lag an der unklaren Botschaft, die die Kirche damals aussandte, nämlich, dass sie sich überhaupt nicht zu der Frage äußerte, wie und wo man sich Gott und seinen Himmel vorzustellen habe. Das war natürlich eine Steilvorlage, die von der atheistischen Agitation prächtig genutzt werden konnte. Kurz: Die Kirche hatte keine einfache und volkstümliche Katechese zu Glaubensfragen betrieben. Das tut sie übrigens bis heute nicht, denn die Priester scheinen mehrheitlich der Meinung zu sein: Wenn die Leute zur Heiligen Messe kommen, dann ist alles in Ordnung und um Weiteres braucht man sich nicht zu kümmern.

Folgender Hinweis wäre zumindest hilfreich gewesen: Im Englischen gibt es in diesem Zusammenhang zwei Vokabeln – zum einen das Wort »sky« für den astronomischen und wettermäßigen Himmel, zum anderen das Wort »heaven«, in den die Heiligen einmarschieren. Und dann hätte man von dort aus weiterführen können zu jenem seelischen Innenraum der Wirklichkeit, in dem jemand wohnt wie ein guter Vater oder eine liebende Mutter. Dies werde ich an späterer Stelle noch ausführlicher beschreiben.

Die Auffassung, dass Gott im Himmel wohne, ist übrigens wahrscheinlich so alt wie die Menschheit. Schon die frühen Menschen hatten ja in dieser Hinsicht »vorgearbeitet« – wie etwa die Germanen, die ihren Donnergott verehrten. Sogar ich habe in meiner Kindheit bei Gewitter noch solche Sätze gehört: »Horch! Der liebe Gott schimpft!« Als Jesus bei seiner Himmelfahrt in die Höhe erhoben wurde, war das eine quasi pädagogische Maßnahme Gottes, um bildhaft anzudeuten, was da geschah. Die nächste Stufe war dann, dass man Gottes Sitz nicht direkt zwischen Wolken, Sonne, Mond und Sternen auffasste, sondern einfach nur als ein »oben« im Sinne von geistiger Höhe und Bedeutung.

Das war aber noch nicht der Schlusspunkt der Entwicklung. Denn inzwischen hat sich – kaum bemerkt – eine Verlagerung vom »Oben« zum »Innen« ereignet. Statt Gott im Weltall zu sehen oder in geistiger Höhe, hat man seine Sicht dahingehend gewandelt, dass Gott im Herzen des Menschen wohnt. Es ist also nicht weit vom Menschen zu Gott, denn wir haben ihn ja bei uns, sodass alte Psalmworte neue Aktualität gewinnen: »Muss ich auch wandern in finsterer Schlucht: Ich fürchte kein Unheil, denn du bist bei mir.«

Auch die mittelalterliche Mystik sprach von »der Einwohnung Jesu Christi im Herzen des Menschen«.

Kilometerstein 1962 (a): Eine ruhige Wanderung

Bei meinem Start im Norbertuswerk hatte ich zunächst allein in einem möblierten Zimmer gewohnt. Als ich eines Tages während einer Hofpause von zwei Norbertinern hörte, dass aus ihrem Nachbarzimmer in der Stadt ein junger Mann zum Westen abgehauen sei, schaltete ich sofort: »Dann könnten Angela und ich doch dort wohnen.«

Und genau so kam es dann auch: Die Norbertiner wurden umquartiert, sodass wir beide – meine Frau und ich – in der großen Altbauwohnung von Frau Piepenbring ein großes und ein kleines Zimmer bekamen. Allerdings mussten wir uns Bad, Toilette und Küche mit den anderen Mietern teilen. Die Zuweisung für die Wohnung erhielten wir recht schnell, weil ein Gemeindemitglied unserer Pfarrei im Wohnungsamt arbeitete, also nützte mal wieder »Vitamin B«. Inzwischen hatten wir in der Gemeinde St. Sebastian unsere kirchliche Heimat gefunden.

Meine Frau erledigte Schreibarbeiten für Hugo Aufderbeck vom Seelsorgeamt. Brisante Texte schrieb sie mit ihrer »Erika« auf dünne Metallfolien, mit denen man zahlreiche Vervielfältigungen herstellen konnte. Diese wurden dann jedoch nicht mit der Post, sondern nur durch Boten verteilt. Ich arbeitete als Lehrer für das Norbertuswerk – vormittags im Unterricht, nachmittags bei Unterrichtsvorbereitungen und Korrekturen von Klassenarbeiten, die ja viel Zeit beanspruchten. Beide engagierten wir uns in der Kirchgemeinde: Angela im Frauenkreis, ich als Lektor und später auch als Kommunionhelfer. Außerdem gab es noch ein weiteres Projekt: Hugo Aufderbeck hatte den Kreis der »Dorfapostel« gegründet. Das war eine Gruppe von Männern aus der Gemeinde, die unter seiner Anleitung im Sommerhalbjahr kleine Vortragsthemen vorbereitete, um sie dann im Winterhalbjahr in mehreren Dörfern halten zu können. Ich stieß allerdings erst dazu, als Aufderbeck den Kreis schon an einen anderen Pfarrer abgegeben hatte. Aber die Aktion lief noch einige Jahre.

Viele Vorteile lagen darin: Zum einen erhielten die Menschen in mehreren Orten im Gebiet nordöstlich von Magdeburg bis nach Rathenow hin in jeder Woche der Winterzeit einen Vortrag. Dazu traf man sich reihum in den Wohnhäusern, hatte also auch zusätzlich noch ein Gemeinschaftserlebnis. Darüber hinaus wirkte das Auftreten der Männer – unabhängig vom Thema – an sich schon als Glaubenszeugnis, nämlich im Sinne von Petrus: »Seid stets bereit, jedem Rede und Antwort zu stehen, der nach eurer Hoffnung fragt.« Und die Männer selbst kamen zum Sprechen, verließen also jene Sprachlosigkeit, wie sie ja leider in vielen Gemeinden herrschte. Kurzum: Es war ein Gewinn für alle Seiten.

Dann wurden unsere Kinder geboren: eine Tochter und zwei Söhne. Wir waren und sind bis heute dankbar, dass sie gesund zur Welt kamen. Zusammen führten wir viele Gespräche über Gott und die Welt, meist morgens beim Frühstück. Dabei ergab sich einmal Folgendes: Ich nahm meine Tochter – damals etwa vier Jahre alt – mit in meinen Unterricht. Sie saß auf der letzten Bank und malte.

In der Pause sagten Norbertiner, die wohl kurz zuvor eine Stunde zum Thema Genetik gehabt hatten, zu dem kleinen Mädchen: »Die x-y-Chromosomen deines Papis sind gut.« Darauf antwortete meine Tochter: »Die x-x von meiner Mutti sind aber auch nicht ohne.« Großes Staunen! Rein zufällig hatten wir ausgerechnet an diesem Morgen beim Frühstück über die männlich-weiblichen Unterschiede gesprochen und in diesem Zusammenhang auch die Chromosomen thematisiert. Lernen war für unsere Kinder ohnehin kein Problem. Das lief, ohne dass wir Eltern uns darum kümmern mussten.

Außerdem meldeten wir alle drei Kinder bei der Musikschule an. Die Tochter lernte Querflöte, die Söhne Klavier. Dann hatten wir Fahrräder und dazu ein Faltboot, mit dem wir auf der Elbe unterwegs waren. Ein Auto besaßen wir nicht – das schmale kirchliche Gehalt hätte nicht mal für einen »Trabi« gereicht. Aber einige Ostseeurlaube wurden in einem kirchlichen Heim in Zinnowitz auf Usedom möglich. Und auch in Angelas Betriebsheimen waren wir zu Gast. Es ging bescheiden zu, lief aber doch recht lebendig.

Was noch unbedingt und verbunden mit großem Dank erwähnt werden muss, das ist die großzügige und sich über Jahrzehnte erstreckende Hilfe, die wir von der Familie meiner Schwester aus Esslingen (Baden-Württemberg) bekamen. Ilse und Ernst Geisler haben uns, später auch mit ihren Söhnen, über lange Zeit jedes Jahr besucht und uns mit vielen Gütern versorgt: Kinderkleidung, Nahrungsmittel, Kaffee, Laufställchen für Kleinkinder, Roller, Kinderfahrräder und schließlich auch Geld. Damit konnten wir uns hier im »Intershop« Westartikel kaufen. In diesen Läden herrschte ein charakteristischer Geruch zwischen Seife und Kaffee – so roch eben der Westen. Von Geislers kamen auch viele Pakete mit

der damals angeordneten Aufschrift: »Geschenksendung
– keine Handelsware«:

Diese Hilfe hatte zwei Aspekte, nämlich zum einen
die materielle Unterstützung, dann aber auch der wertvolle persönliche Kontakt, der uns seelisch unterstützte.
Darüber hinaus war dadurch eine Ost-West-Verbindung
hergestellt, die erst gar keine Vorurteile aufkommen ließ.

Eine weitere Aktivität aus jener Zeit sei erwähnt: In
den beiden katholischen Krankenhäusern St. Elisabeth
und St. Barbara in Halle unterrichtete ich bei den dor-
tigen Schwesternschülerinnen das Fach »Marxismus«.
Dies war nötig, damit die Schwestern den staatlichen
Fachschulabschluss erhielten. Also fuhr ich einmal in der
Woche mit der Bahn nach Halle, um in den beiden Krankenhäusern, die von Ordensschwestern geleitet wurden,
je eine Doppelstunde in diesem »wichtigen Fach« zu halten. Intern erfuhr ich, dass man für diese Lehrtätigkeit
folgende Bedingungen zu erfüllen hatte: Nicht nur Fach-

kenntnis und katholisches Bekenntnis wurden bei dem Lehrenden vorausgesetzt, er musste auch verheiratet sein, damit er unter den Schwesternschülerinnen nicht etwa auf Brautschau ginge. Ich erfüllte all diese Bedingungen.

Den Unterricht gestaltete ich nach einem Buch, das noch aus der Stalinzeit stammte. Die Gegenargumente lieferte ich allerdings nicht gleich mit, sonst hätte es passieren können, dass die jungen Frauen bei der mündlichen Schlussprüfung vor einem hohen Bezirksfunktionär das Falsche sagten. Ich hoffe, keine Seelen gefährdet zu haben!

Kilometerstein 1962 (b): Besuch

Es war im Jahre 1962 und ich arbeitete gerade ein Jahr im Norbertuswerk. Als ich von der Arbeit nach Hause kam, sagte meine Frau: »Ein Herr von der Nationalen Front war da und wollte dich sprechen. Er will später noch mal wiederkommen.«

Das tat er auch, sagte dann aber: »Ich bin gar nicht von der Nationalen Front, wollte nur Ihre Frau nicht beunruhigen: Ich komme von der Kriminalpolizei.« »Nun«, so dachte ich mir im Stillen, »das kommt der Sache doch schon näher.« Denn für mich klar: Staatssicherheit. »Wir haben erfahren«, fuhr der Mann nun fort, »dass Sie zum Brückenkopf einer Spionageorganisation gemacht werden sollen. Haben Sie schon Kontakt bekommen?« Ich: »Nein.« Er: »Falls Sie etwas bemerken, melden Sie es uns! Hier ist meine Dienstnummer.« Und dann ging er.

Sofort machte ich mich zu Rektor Braun auf, meinem Chef im Norbertuswerk, um ihm von dieser Begegnung zu berichten. Denn Braun hatte für alle Studierenden und Mitarbeiter angeordnet: »Falls Sie von irgendwelchen staatlichen Stellen kontaktiert werden sollten: Bitte melden Sie mir das sofort! Auch wenn es sich dabei um Eisenbahner, Feuerwehrmänner, Postbeamte oder sonst jemand handeln sollte.« Später fand man übrigens bei der Stasizentrale eine Kleiderkammer mit Uniformen und typischer Kleidung aller Berufsgruppen. Rektor Braun nahm meinen Bericht nun zur Kenntnis und sagte: »Da warten wir mal ab.«

Sechs Wochen später erhielt ich einen Brief aus Hannover: »Sehr geehrter Herr Müller, wir kennen uns nicht, aber ich möchte zu Ihnen Kontakt aufnehmen. Ich komme am nächsten Donnerstag um 17 Uhr auf Bahnsteig 5 an und habe eine Zeitung in der Hand.«

Sofort ging ich wieder zu Rektor Braun, und er sagte: »Sie stecken den Brief in den Ofen, damit man ihn bei einer eventuellen Haussuchung nicht findet. Schließlich kann in der Post ja mal was verloren gehen. Und Sie machen gar nichts. Denn: Auf den Bahnsteig zu gehen, wäre Wahnsinn. Auch die Dienstnummer anzurufen, wäre dumm, denn dann konstruieren die Stasi-Leute mit der Behauptung einer Komplizenschaft daraus eine Straftat. Daraufhin wird Ihnen Bestrafung angedroht, davon aber abgesehen, wenn Sie sich verpflichten, als sogenannter ›IM‹, also als inoffizieller Mitarbeiter, aus dem Norbertuswerk an die Staatssicherheit zu berichten.« Denn dies sei ja schließlich der Zweck der ganzen Aktion gewesen – meine Anwerbung.

Ich befolgte den Rat von Rektor Braun und wurde danach nie mehr von der Staatssicherheit kontaktiert. Nach der Wende wurden die Stasi-Akten über das Norbertinum nicht vom Bistum angefordert.

Dieses Thema erstreckt sich, in Abwandlungen, über mein ganzes Leben als Erwachsener – zu Anfang als ein der alten kirchlichen Lehre folgender Mensch. Was hatte sich da im geschichtlichen Vorfeld ereignet? In der Frühzeit, als wissenschaftliche Erkenntnisse noch weitgehend fehlten, war man, wie bereits kurz erwähnt, der Meinung, dass Bibeltexte Tatsachenberichte seien. Man habe – auch als Glaubender – in einem Weltbild zu leben, in dem die Erde im Mittelpunkt von allem steht und sich der gesamte Kosmos um die Erde dreht. Zumindest hatte man sich, nach Forschungen in der griechischen Antike, schon auf die Kugelgestalt der Erde geeinigt.

Nikolaus Kopernikus vermutete, es könne mit der Drehung auch ganz anders sein – nämlich, dass wir auf einem Karussell sitzen und von dort aus den Eindruck haben, als würde sich alles um uns drehen. Kurz nach der Veröffentlichung dieser zunächst nur hypothetischen Gedanken starb Kopernikus, was ihm Ärger ersparte.

Dann kam Galileo Galilei. Inzwischen war das Fernrohr erfunden worden, mit dem Galilei die Monde des Planeten Jupiter beobachten konnte. Dabei stellte er fest: Da bewegen sich Himmelskörper um ein anderes Zentrum als um die Erde. Damit war eigentlich noch nichts bewiesen, wohl aber das Prinzip durchbrochen, dass sich alles um die Erde zu drehen habe. Galilei – selbst Christ und befreundet mit einem römischen Kardinal – veröffentlichte seine Thesen in der literarischen Form eines Gesprächs zwischen einem Lehrenden und einem eher schlichten Hörer. Durch Intrigen wurde Galilei angeschwärzt, dass er mit diesem schlichten Gesprächspartner die Kirchenvertreter meine.

Um 1631/32 kam es dann zum Prozess vor der Inquisition. Dass die Sonne sich bewege und nicht die Erde, versuchte man mit einem Satz aus dem Alten Testament zu beweisen, wo am Abend einer Schlacht die Sonne über einem Tal stehengeblieben sein soll. Und wenn sie stehenbleibt, so die kirchliche Argumentation, dann wird sie sich sonst wohl bewegen. Als Galilei die Folterwerkzeuge gezeigt wurden, schwor er ab und wurde zu lebenslangem Hausarrest verurteilt. Den Satz »Und sie bewegt sich doch!« wird er wohl nicht gesagt haben, denn sonst wäre er doch noch auf dem Scheiterhaufen gelandet. Der Prozess hatte eine traurige Wirkung, denn er begründete die Gegnerschaft zwischen der beginnenden Naturwissenschaft und der Kirche. Diese Zusammenhänge wurden mir – über einen längeren Zeitraum hin – erst allmählich bekannt.

Die Entdeckungen des Charles Darwin über die Entstehung der Arten – und damit auch über die Abstammung des Menschen aus dem Tierreich – verschärften diesen Konflikt noch weiter. Die Kirche beschloss daher, dass werdende Priester einen sogenannten Antimodernisteneid zu schwören hatten, mit dem sie sich zum Abstand von Wissenschaften verpflichten. Dieser Eid wurde erst in den sechziger Jahren des 20. Jahrhunderts aufgehoben. Unterschwellig verankert bleibt er aber auch weiterhin in Teilen des älteren Klerus. Denn wenn ich gegenüber einem Kirchenmann das Wort »wissenschaftlich« äußere, dann verzieht sich bei manchem das Gesicht ins Säuerliche und ich höre die Korrektur »naturwissenschaftlich« zur betonten Abgrenzung von der Theologie, die ja doch die eigentliche Wissenschaft sei, ja ihre Königin. Der Frieden mit Galilei und Darwin ist bei vielen also immer noch nicht gemacht, jedenfalls nicht mit Einbeziehung aller Konsequenzen. Darauf komme ich später noch einmal ausführlicher zurück.

Nachdem ich in meiner Jugendzeit strammer Kreationist gewesen war und mich über Bücher freute wie »Und die Bibel hat doch recht«, habe ich dann über einen längeren Zeitraum hinweg meine Sicht geändert: Nun vertrete ich nicht nur die Vereinbarkeit von Glauben und Wissenschaft, sondern bemühe mich auch um einen wechselseitigen Anschluss. Eine große Rolle spielte dabei das Konzil von 1962 bis 1965 mit seinen Aussagen über die Auffassung von Texten der Bibel und über die Kirche in der Welt von heute. Auch hatte Theologieprofessor Joseph Ratzinger in einer Schrift von 1978 geäußert: »Dass Gott die Welt erschaffen hat, das ist unser Glaube. Über das Wie möge sich der Gläubige durch die Wissenschaften belehren lassen.« Ich werde das Thema in folgenden Kilometersteinen weiter vertiefen.

Kilometerstein 1964: Alltag im Norbertinum

Die jungen Männer im Norbertuswerk, die sich ja auf den Weg ins Priestertum aufmachten, fragten mich manchmal, warum sie denn Mathematik und Physik lernen sollten. Meine Antwort: »Rein formal gibt es die kirchliche Bestimmung, dass Priester ein Abitur und eine akademische Bildung haben sollen. Der inhaltliche, also wirkliche und sachliche Grund aber ist, dass Priester es schließlich mit Menschen dieses unseres Landes zu tun haben werden. Und diese Leute sind heutzutage mathematisch-naturwissenschaftlich gebildet. Wer also im Kontakt mit diesen Menschen sprachfähig sein will, der braucht wenigstens ein Minimum an Grundlagen auf diesem Gebiet.«

Zusätzlich gilt noch folgende Gesetzmäßigkeit bei der geistigen Entwicklung eines Menschen: Wenn man etwas lernt und sich intensiv mit etwas beschäftigt, dann wachsen im Gehirn zusätzliche Verbindungen zwischen Nervenzellen. Und wenn die einmal gewachsen sind, dann kann sie der Mensch später auch ganz anders einsetzen als für den ursprünglichen Zweck. Es gibt also auf alle Fälle einen Gewinn von diesen allgemeinen Fächern. Man kann sogar sagen: Eigentlich wird nichts vergeblich gelernt, nicht einmal beim Marxismus, denn dadurch kennt man zumindest die Gegenargumente.

Nebenbei sei bemerkt, dass es unter den Norbertinern aber auch eine doch recht große Zahl von an Physik und Mathematik interessierten und leistungsfähigen Studierenden gab. Auch wurden mehrere Jahresarbeiten in diesen Fächern angefertigt, und dies mit guten Ergebnissen.

Sogar ein späterer Bischof, der jetzt in Russland wirkt, schrieb bei mir eine Jahresarbeit in Physik.

Einmal hatte ich außerdem im Fach »Künstlerisches Gestalten« das Thema »Tod« gegeben. Als Technik war die Collage vorgesehen, also eine Klebearbeit mit Papier. Ein junger Mann schuf folgendes Bild:

Zugegeben: Man findet sich nicht sofort darin zurecht, aber bald erkennt man: Der obere »Haken« ist eine halb offenstehende Tür, hinter der es hell ist. Und dann fällt – beim unteren »Haken« – Licht durch den Türspalt bis in den Vordergrund. Auch die schwach gelbliche Färbung des Lichts in der Tür wiederholt sich im Licht des Vordergrunds. Eine mögliche Deutung könnte sein, dass für einen Menschen mit Hoffnung der Tod eine Tür ins Helle ist. Für einen solchen Menschen strahlt dieses Licht schon in die Gegenwart und hilft ihm zu leben.

Auf einem nochmals anderen Feld lag ein Satz, den mir ein Norbertiner einmal in einer Hofpause sagte:

»Ach, Herr Müller, was Sie da zu verkaufen haben,« – er meinte meine Fächer – »das sind doch alles nur irdische Güter. Ich aber will Priester werden!« Hier war also noch eine Wertung enthalten, und zwar in der Unterscheidung zwischen den letztlich minderwertigen »irdischen Gütern« und dem sakral überhöhten Stand, dem er zustrebte und der alle Niederungen weit überragte.

Da klang also die ganze klerikale Überheblichkeit durch. Oder wie es beim I. Vatikanischen Konzil 1870/71 formuliert wurde: In der katholischen Kirche gibt zwei Stände: Der eine lehrt und führt, der andere hört und folgt. Das Lied dazu: »… ich will die Kirche hören, sie soll mich allzeit gläubig sehen und folgsam ihren Lehren.« Hier war mit »Kirche« aber wohl nur der Klerus gemeint.

Was lief sonst so im Norbertuswerk? Der Rektor führte ein strenges Regiment, Freizeit für Studierende war rar. Des Rektors O-Ton lautete: »Die Burschen sollen studieren!« Radios waren verboten, waren aber doch als kleine Transistorgeräte in Hohlräume von dicken alten Büchern eingelassen. Sogar einen Fernseher soll es gegeben haben. Nachtruhe sollte eigentlich um viertel vor zehn sein, trotzdem gab es verbotene Ausflüge zu einem Bier ins »Café Hemdhoch« am Neustädter Bahnhof. Und wenn dann die Kerle auf dem Rückweg nachts über die Mauer kletterten, dann empfing sie der Rektor, der hinter einem Busch gewartet hatte, und verpasste für den nächsten Tag zur Strafe einen Arbeitsdienst. So lief das damals in jenen neun Jahren, die ich zur Amtszeit von Rektor Johannes Braun im Norbertinum arbeitete.

Kilometerstein 1962: Konzil

1958 stieg in Rom wieder einmal weißer Rauch auf und
ein Kardinal verkündete: »Habemus papam!« Der neue
Papst nannte sich Johannes XXIII. Seine Wähler im Kon-
klave dachten wohl: »Das ist – schon wegen seines Alters
– lediglich ein Übergangspapst ohne große Bedeutung.«
Doch dann kündigte dieser alte Herr ein Konzil an, das
in der katholischen Kirche teils erwartungsvolle Freude
auslöste, aber auch Aufregung und Bedenken. Immerhin
hatte der neue Papst die Fenster im päpstlichen Palast
symbolträchtig weit geöffnet.

Von 1962 bis 1965 lief dann diese große Versammlung mit über 2.000 Bischöfen und weiteren theologischen Beratern. Auch mein Lebensbegleiter Hugo Aufderbeck, nun als neuer Bischof von Erfurt, war dabei.
Ich schreibe meinen Eindruck von diesem kirchlichen
Ereignis und seinen Wirkungen ja nun viele Jahrzehnte
später, und das klingt so: Zunächst stimme ich allen Be-
schlüssen voll zu, wenngleich sie etwas römisch-steif und
verharmlosend daherkommen, wahrscheinlich als Ergebnis von Kompromissen, die man eingehen musste, um
Mehrheiten zu bekommen. Was dann jedoch nach drei
Jahren erreicht wurde, verdient hohe Anerkennung, zu-
mal Papst Johannes das Konzil selbst nicht mehr zu Ende
führen konnte. Dies geschah erst durch seinen Nachfolger Paul VI. Auch diesem gebührt dafür großer Dank!

Bei den Ergebnissen gehört die Liturgiereform – Gottesdienste in Landessprache – zwar zu den offenkun-
digen, aber doch eher zu den leichteren Sachen. Viel
schwieriger waren ja – wie jeder aus seinem persönlichen

Leben weiß – die Wandlungen in der Mentalität: Im Verhältnis zum Judentum wurden Hass und Verachtung nun in Geschwisterlichkeit gewandelt. Statt des Satzes »Außerhalb der Kirche kein Heil« hieß es nun: »Auch andere Menschen können auf anderen Wegen Gott suchen und finden.« Die Kirche begann, ihre Solidarität und Verantwortung für die ganze Menschheit zu erkennen. So fing die »Konstitution über die Kirche in der Welt von heute« mit dem guten Wort an: »Freude und Hoffnung, Bedrängnis und Trauer der Menschen von heute, besonders der Armen und Bedrängten aller Art, sind zugleich auch Freude und Hoffnung, Trauer und Bedrängnis der Jünger Christi.«

Besonders schätze ich das Bild für die Kirche als das pilgernde oder wandernde Gottesvolk, denn dadurch kommt der Zeitfaktor ins Spiel, woraus sich viele gute Aspekte ergeben. Schließlich wird das Verhältnis zu den Wissenschaften geklärt und Vergangenes bedauert. In einer Fußnote findet sogar Galilei eine Erwähnung. Und dann gibt es noch entscheidende Weisungen, dass biblische Texte unter Beachtung der literarischen Gattungen zu lesen sind, besonders auch mit Bezug zu jener Begriffs- und Gedankenwelt, wie sie zur Zeit der Abfassung herrschte. Das klärt vieles. Allerdings fehlen bei manchen Themen die Konsequenzen. Das Konzil ist sozusagen noch nicht fertig.

Bei Vorträgen, die ich in der Folgezeit in verschiedenen Gemeinden hielt, bemerkte ich jedoch Folgendes: Viele Katholiken lebten nach wie vor gemäß dem lange Zeit propagierten, aber letztlich rein egoistischen Grundsatz »Rette deine Seele«. Dies realisierten sie allein durch den Besuch der Sonntagsmesse, nach dem Motto: »Ich und mein Gott«. Für viele blieb wichtig: »Was sind meine Pflichten? Was muss ich tun?« Besonders alte Leute lebten unter diesen Zwängen.

Wenn sie allerdings hörten, dass auch andere Menschen in den Himmel kamen, fragten sie sich: »Wozu sind wir denn dann noch in der Kirche?« Hier fehlte also neue Motivation, und diese müsste aus der Weiterführung der Konzils-Impulse erwachsen. Das geschah jedoch weitgehend nicht, im Gegenteil: Bremser traten auf. Es zeigte sich, dass die guten Absichten des Konzils recht weit griffen, die Seelen allerdings nicht mitkamen, sowohl beim Klerus als auch beim Kirchenvolk. Über viele Jahrhunderte hatte eben ein disziplinierendes Regiment geherrscht, dem eine bestimmte Mentalität entsprach. Dies lässt sich eben nicht so schnell ändern.

Für den klerikalen Widerstand ein kleines Beispiel, das ich im Norbertuswerk erlebte: Kurz nach Ende des Konzils kam einer unserer Dozenten, selbst Priester, freudestrahlend ins Lehrerzimmer und rief begeistert aus: »Da haben die Römer eine großartige Erfindung gemacht! Es gibt doch in jeder Gemeinde einige Leute, die sich gern reden hören. Die kommen jetzt in den Pfarrgemeinderat, können sich dort abreagieren und stören dadurch nicht mehr in der Gemeinde!«

Kilometerstein: Kirche im geschlossenen System –

Versuchungen, Aufbrüche und Macht
Vor Ende des Krieges lebte auf dem Gebiet der jetzigen
neuen Bundesländer nur eine katholische Minderheit.
Mit der Flucht aus dem Osten strömte eine große Zahl
von Katholiken in die DDR. Deshalb wurden – oft lis-
tenreich – vor allem auf dem Lande neue, einfache Got-
tesdiensträume geschaffen. Auch bot die evangelische
Kirche ihre Gastfreundschaft an und stellte bereitwillig
Kirchenräume zur Verfügung. Daraus entwickelte sich
eine gute ökumenische Beziehung.

Durch den Einfluss der sowjetischen Besatzungsmacht herrschte von staatlicher Seite her eine kirchen-
feindliche Atmosphäre, die sich zunehmend in eine Bedrückung und Benachteiligung von Christen steigerte.
Daraus folgte, dass sich die eingeströmten Katholiken
in diesem Land nicht zu Hause fühlten und deshalb die
Kirchgemeinden als fast einzige neue Heimat empfanden. Diese bildeten im Inneren eine gute Gemeinschaft,
grenzten sich aber von der Außenwelt scharf ab. Daher
rührt wohl auch die sehr starke emotionale und kritik-
lose Bindung der Gemeinde an ihren Pfarrer. Verstärkt
wurde dieser Effekt dadurch, dass jede kirchliche Gruppe
einen Priester als Leiter brauchte, um vor dem Zugriff
der Staatssicherheit geschützt zu sein. Diese Faktoren gaben dem Klerus eine starke Position.

Im Vergleich zu Westdeutschland, wo schon recht
früh kirchenkritische Bewegungen entstanden waren,
herrschte im Osten also eine völlig andere kirchliche
Situation, die man als geschlossenes System bezeichnen

kann. So jedenfalls erlebten es die Katholiken an der Gemeindebasis. Sie kannten es nicht anders, waren damit zufrieden und sahen ein, dass es wegen des Außendrucks auch nicht anders ging: Zusammenhalt war überlebenswichtig.

Mir selbst bot sich ein interner Blick dadurch, dass ich ja von 1961 bis 1999 kirchlicher Angestellter war, nämlich als Lehrer am Magdeburger Norbertuswerk, einem Spätberufenenseminar für junge Männer, die sich nach der Berufsausbildung entschlossen hatten, den Weg zum Priestertum einzuschlagen.

Nach einem Vortrag zum Thema »Glaube und Naturwissenschaft« sagte mir ein alter Kolpingsbruder: »Ich glaube Ihnen kein Wort. Erst, wenn der Papst das sagt, dann glaube ich das.« Dieser Mann war also nicht willens oder vielleicht auch nur völlig entwöhnt, im kirchlichen Raum eigenständig zu denken. Für ihn musste eben zuerst eine Autorität gesprochen haben. Dieses Verhaltensmuster reicht sicher in weite Vergangenheit zurück: Es gibt dem Häuptling Macht und befriedigt sein Geltungsbedürfnis. Die anderen Gruppenmitglieder geben gern und schnell ihre Freiheit an den Häuptling ab, werden dadurch gleichzeitig von eigenen Entscheidungen entlastet und können bequem mitmarschieren. Dieses Muster ist in uns genetisch codiert und kann jederzeit von intelligenten Propagandisten aktiviert werden: »Führer befiehl, wir folgen dir!« Auch Katholiken sind dafür anfällig. So gab es bei zurückliegenden Wahlen recht viele Stimmen von Katholiken für die AfD. Dies halte ich für eine große Gefahr.

Zum Thema Priester und Frau möchte ich folgende Begebenheit erzählen: Nach der sogenannten Wende wandelte der damalige Rektor das Norbertuswerk in ein offenes Kolleg um. Die Schülerschaft bestand nun aus jungen Männern und Frauen. Zu einem Kurstreffen trafen sich dort eines Tages ehemalige Absolventen, die inzwischen zu alten Priestern geworden waren. Als in einer Hofpause einer dieser Priester sah, dass nun auch Frauen am Kolleg waren, sagte er empört: »Dass es jetzt hier im Hause auch Weiber gibt, hätte der Bischof aber nicht erlauben dürfen!« Offensichtlich sah er dadurch die heilige Stätte als kultisch entweiht an, ja geradezu als beschmutzt.

Bei Dekanatskonferenzen hielt ich über einen großen Zeitraum hinweg Vorträge, und in der Frühzeit bestanden diese Treffen ausschließlich aus Priestern. Es herrschte ein derber, kumpelhafter Ton, wie er auch sonst in reinen Männergruppen üblich ist. Später nahmen dann auch Seelsorgehelferinnen teil. Mit zunehmender weiblicher Teilnahme bemerkte ich, dass der anfangs recht derbe Gesprächston deutlich kultivierter wurde. Es sind doch wohl Mann und Frau erst gemeinsam »der Mensch«.

Kilometerstein 1966: Geschichte des Weltalls

Wie riesig diese unsere Welt sowohl von ihrer räumlichen Größe her als auch in ihren für uns unfassbaren zeitlichen Maßstäben ist, das haben wir als Menschheit erst vor relativ kurzer Zeit mitbekommen. Allerdings hat darüber auch nur ein kleiner Bevölkerungsanteil wirklich Kenntnisse. Die Mehrheit bleibt in ihrer kleinen Welt, also im Maßstab der Erde. Ähnlich wie neugeborene Kinder zuerst den ganz nahen Bereich erfassen und sich erst dann etappenweise größere Räume erschließen, so erlebt es auch die Menschheit als Ganzes. Im Buch Genesis wird das Weltall mit nur drei Worten genannt: »und die Sterne.« Heute kennen wir zwar die Zahlen, können sie aber gefühlsmäßig doch nicht erfassen. Und selbst diese Zahlen und Bedingungen sind ja nur die aktuelle Erkenntnis – betrachtet vom gegenwärtigen Kilometerstein unseres Weges durch die Zeit.

Aus der fortschreitenden Dehnung des Alls schlussfolgern wir, dass dieses vor 13,8 Milliarden Jahren von einem Punkt aus gestartet ist und nennen dieses Ereignis Urknall. In jenem Augenblick sollen Raum, Masse, Energie und die Zeit entstanden sein. So jedenfalls ergibt es sich aus einer physikalischen Formel. Ein Vorher soll es demnach nicht gegeben haben. Dies ist jedoch nur der gegenwärtige Erkenntnisstand. Er wird sich sicher weiterentwickeln, denn natürlich befindet sich auch die Wissenschaft – wie alles auf der Welt – auf einer großen Wanderung durch die Zeit.

Im kleineren Maßstab lässt sich Konkreteres sagen: Das Alter unserer Sonne und des Planetensystems wird mit 4,5 Milliarden Jahren angegeben. Auf unserem Planeten gehen erste Lebensspuren 3,5 Milliarden Jahre zurück: Gefunden wurden Abdrücke kugelförmiger Bakterien.

Wie aber diese ersten Lebewesen zustande kamen, ist weiterhin unbekannt und konnte auch noch nicht im Labor nachvollzogen werden. Daran knüpft sich die Frage, ob dieser Start des Lebens eher höhere Wahrscheinlichkeit besitzt oder eher selten im Weltall zu finden ist. Und dies führt wiederum zu der weiteren Frage, ob wir im Weltall menschenähnliche Kollegen haben oder ob wir allein sind. Wir wissen es nicht. Und gemeldet hat sich noch niemand.

Auf die Frage, was denn während des großen Zeitraums zwischen dem Urknall und der Entstehung unseres Sonnensystems geschah, lässt sich zumindest eine Teilantwort geben: Diese lange Zeit war nötig, um die höheren chemischen Elemente zu bilden. Anfangs gab es ja nur das Gas Wasserstoff mit dem einfachen Atom – bestehend aus einem Proton im Kern und einem Elektron auf der Hülle. Damit aber Flüssigkeiten und Festkörper möglich werden, braucht es Elemente mit schwereren Atomen. Diese können durch Fusionen gebildet werden, also durch Vereinigung kleinerer Atome zu größeren. Ein solcher Prozess läuft in unserer Sonne. Da verbinden sich Wasserstoffatome zu Heliumatomen. Dabei wird Energie abgestrahlt, gelangt ins Weltall und dadurch auch zur Erde. Davon leben alle Wesen auf unserem Planeten, also auch wir Menschen.

Dieser Vorgang würde zur Erzeugung höherer Elemente allerdings nicht ausreichen. Dazu braucht es riesige hochenergetische Vorgänge im Weltall, bei denen die höheren Elemente durch gewaltige Fusionen »erbrütet« werden. Dafür sind hohe Temperaturen nötig.

Dies alles hatte also schon stattgefunden, bevor unsere Sonne und die Planeten entstanden. Vieles aus dem Weltall ist den Wissenschaftlern heute allerdings noch unbekannt, so zum Beispiel, wie die großen Sternsysteme, die Galaxien, entstanden sind. Aber schließlich wollen folgende Generationen auch noch etwas zu erforschen haben. Der Stoff dafür wird niemals ausgehen, denn es zieht – erfahrungsgemäß – jedes gelöste Problem zehn neue Fragen nach sich.

Wenden wir uns unserer Erde zu! Da umrundet die relativ kleine Kugel auf der dritten Bahn während eines Jahres die Sonne in einem Abstand, für den das Licht gut acht Minuten braucht – pro Sekunde legt es ja 300.000 Kilometer zurück.

Der eine Mond, der die Erde in einem knappen Monat umläuft, soll aus der Kollision mit einem großen Himmelskörper zur Frühzeit der Erde entstanden sein. Vom Inneren der Erde wissen wir viel weniger als aus dem Weltraum. Was bekannt ist: Auf einer weichen und heißen Masse – teils flüssiges Gestein, teils Metall – schwimmt die feste Erdkruste und ist in Schollen aufgeteilt, die sich langsam gegeneinander bewegen. Die Erde hat ein Magnetfeld, das durch den inneren Brei erzeugt wird, der sich langsam bewegt und elektrisch geladen ist. Dadurch wirkt er wie eine stromdurchflossene Spule, die ja ein Magnetfeld erzeugt. Dieses Erdmagnetfeld schirmt die kosmische Strahlung ab, die für uns Lebewesen ansonsten tödlich wäre.

Und damit schließt sich ein riesiger gedanklicher Kreis: Nur durch dieses Magnetfeld ist die Erde für uns bewohnbar. Dieser Schutzschild ist aber wiederum nur möglich durch das heiße Erdinnere, doch das meldet sich leider auch in Form von Vulkanausbrüchen, Erdbeben und Tsunamis, die oft viele Todesopfer fordern. In einer gewagten These fasse ich zusammen: Die Todesopfer sind der Tribut dafür, dass auf unserer Erde Leben überhaupt möglich ist.

Weitere Besonderheiten der Erde: Wir haben – verglichen mit den anderen Planeten – viel Wasser, sogar in großen Meeren, dazu eine Atmosphäre und eine durch den Sonnenabstand bedingte lebensfreundliche Temperatur – jedenfalls jetzt noch. Und da kommt das nächste Problem in den Blick, das ich – von einem späteren »Kilometerstein« aus gesehen – noch gesondert betrachten möchte.

Wie es mit unserer Erde weitergehen wird, das ist ein weites Feld. Der garantiert endgültige Schlusspunkt liegt erst in einigen Milliarden Jahren, dann nämlich, wenn sich unsere Sonne zu einem sogenannten »Roten Riesen« aufbläht und die Erde verdampfen lässt. Allerdings wird sie schon vorher nicht mehr bewohnbar sein. Auch den seelischen und religiösen Bezug zu diesem recht nüchtern-sachlichen Bericht werde ich später noch herstellen.

Kilometerstein 1967: Biologische Evolution

Nachdem ich ja in meiner Jugend und auch noch als junger Erwachsener der Ansicht war, alles habe sich genau so zugetragen, wie es auf den ersten Seiten der Bibel zu lesen ist, habe ich in einem zeitlich langen Prozess – den ich mit Daten nicht belegen kann – meine Meinung geändert. Inzwischen akzeptiere ich jenes wichtige Forschungsergebnis, das Charles Darwin in der Mitte des 19. Jahrhunderts gewonnen hat, nämlich die Erkenntnis, dass sich die Arten von Lebewesen innerhalb großer Zeiträume verändern, womit letztlich auch ausgesprochen wird, dass die Menschheit aus dem Tierreich hervorging.

Lange Zeit wurde diese Erkenntnis von kirchlicher Seite bekämpft. Ich selbst habe als Jugendlicher von einem Vikar noch den Rat gehört: »Wenn jemand behauptet, der Mensch stamme vom Affen ab, dann schaut ihn euch ganz intensiv von der Seite an und sagt: ›Sie vielleicht?‹«

Darwin selbst soll – nachdem ihm diese Erkenntnis und ihre Tragweite bewusst geworden waren – gesagt haben, dass er sich wie ein Mörder vorkomme. Auch von seiner anglikanischen Kirche, für die Darwin eigentlich Pfarrer werden wollte, erhielt er starken Gegenwind. Für die katholische Kirche war der Begriff Evolution lange Zeit ein rotes Tuch, und auch heute noch gibt es saure Gesichter bei diesem Thema.

Was aber hat sich denn nun wirklich im Reich der Lebewesen ereignet? Schon aus der Tatsache, dass man es trotz großer Mühe vieler Wissenschaftler immer noch nicht geschafft hat, die Entstehung des Lebens im Labor nachzuvollziehen, kann man schließen, dass da wohl eine große Schwierigkeit vorliegt. Zunächst mussten – im Wasser – lange, fadenförmige Moleküle entstehen. Dafür waren die richtigen Stoffe am richtigen Ort und unter richtigen Bedingungen nötig. Dann mussten diese langen Moleküle auf den irrwitzigen Gedanken kommen, sich selbst aus eigenem Antrieb zu verdoppeln und so den Lebensprozess zu zünden.

Dazu ein paralleler Gedanke: Dieser Vorgang war doch ein historischer Prozess, der sich vermutlich über einen langen Zeitraum hinzog, noch dazu mit vielen, zunächst auch erfolglosen Versuchen, bis es dann endlich klappte. Historische Prozesse sind jedoch einmalige Ereignisse, die man nicht wiederholen kann, wie etwa die Völkerschlacht von Leipzig oder die Französische Revolution. So wird auch der ganze Vorgang der Lebensentstehung nicht nachvollziehbar sein, wohl aber vielleicht Einzelschritte.

Eine weitere, mehr gedankliche Schwierigkeit kommt hinzu: Bei dem Startvorgang der ersten DNA – also jener geheimnisvollen Desoxyribonukleinsäure – müssen Eigenheiten der Materie gewirkt haben, für die man im naturwissenschaftlichen Bereich eigentlich kein Auge hat – nämlich eine Art von innerer Dimension, die nicht nur die Grundlage für die Lebensvorgänge bildet, sondern später auch die psychischen Leistungen ermöglicht, wie beispielsweise im Bewusstsein.

Es kann übrigens sein, dass man diesen Zusammenhang nie klären wird, denn er hängt ja mit der sogenannten psycho-physischen Schwelle zusammen: Da bewegt sich in meinem Gehirn ein Elektron – und ich erlebe den Geschmack von Erdbeertorte. Das ist also ein Phänomen, dem man zwar einen Namen gegeben hat, ohne es aber zu begreifen und zu erklären. Womöglich geht das auch gar nicht. Zumindest kann man dazu den alten Goethe – aus Faust – zitieren: »Denn immer, wo Begriffe fehlen, da stellt ein Wort zur rechten Zeit sich ein.«

Zurück zur biologischen Evolution: Als sich vor 3,5 Milliarden Jahren die ersten Lebewesen gebildet hatten, blieb es eine ganze Milliarde Jahre lang bei Einzellern. Dann erst gelang der Sprung zu den mehrzelligen Lebewesen. Später teilten sich Pflanzen von Tieren. Und bei den Tieren – ich fasse mich kurz – lief es über viele Stationen bis zu uns. Vor zehn Millionen Jahren trennten wir uns vom Schimpansen und den Jetztmenschen gibt es seit etwa 200.000 Jahren.

Kilometerst. 1967: Konsequenzen der Evolution

Schlichte Leute sind oft gekränkt und sagen vorwurfsvoll: »Ich stamme doch nicht vom Affen ab!« Und die Kirchenleute scheinen immer noch irgendwie peinlich berührt, weil sie über lange Zeit – zwar unverschuldet, aber doch irrtümlich – die ersten Seiten der Bibel als Tatsachenberichte aufgefasst haben. Sogar Paulus war dieser Meinung, denn im Römerbrief schreibt er: »Durch einen Menschen kam der Tod …«

Offiziell hat man sich übrigens bis heute nicht von dieser Auffassung distanziert. Nur im Konzilstext wird dies mit der Anerkennung der wissenschaftlichen Autonomie indirekt ausgedrückt. Kirchlicherseits – so jedenfalls mein Eindruck – interessiert sich die Theologie nur wenig für Evolution. Man weicht aus und sagt: »Die naturwissenschaftlichen Themen haben eine ganz andere Methodik. Zwar mag die Evolution stattgefunden haben, aber das ist nicht unsere Sache.

Doch als wir Menschen nach einem langen Prozess aus dem Tierreich hervortraten, da haben wir von dort keineswegs nur unseren Körperbau mitgebracht, sondern auf psychischer Seite auch eine Fülle von Mentalitäten und Verhaltensmustern geerbt. Diese waren für den bisherigen Weg von Vorteil – sind es auch immer noch, wie etwa Zusammenhalt in der Gruppe oder wechselseitige Hilfe und Solidarität. Jetzt aber fällt uns einiges auf die Füße. Wenn man sich fragt, woran das liegt, dann lautet die Antwort: an unserer höheren Intelligenz.

In der Entwicklung der Gehirne – also bei unseren tierischen Vorfahren, schon weit vor der Menschheit (da ist auch das Gehirn des Krokodils dabei) – hatte sich Folgendes ergeben: Wenn ein Lebewesen eine Handlung erfolgreich durchführt, dann sondert sein Gehirn bestimmte chemische Substanzen ab, von denen sich das Lebewesen erfreut und belohnt fühlt. Das gilt in besonders starkem Maße für die Sexualität. Hier streben die Lebewesen – ohne es zu wissen – nach Belohnungsstoffen und sorgen so für die Erhaltung der Art. Ohne diese Belohnung würde sich ein Lebewesen sonst vielleicht nicht zu sexuellem Tun bereitfinden. Das Belohnungssystem gilt aber – über Sex hinaus – auch für viele andere Felder: Grundsätzlich wird jeder Erfolg durch die Ausschüttung chemischer Substanzen belohnt, die Lust bewirken.

Auch für uns Menschen gilt dieser Mechanismus. Ein Beispiel: Wenn wir als Autofahrer zunächst lange hinter einem langsamen Fahrzeug bleiben mussten und nun endlich ein Überholen möglich wird: »Gas! Und vorbei!« Dazu die innere Freude, dies geschafft zu haben! Es ist quasi ein symbolischer Jagderfolg: Ich habe den anderen »erlegt«. Dass übrigens ausgerechnet beim Überholen oft schlimme Unfälle geschehen, liegt vermutlich gerade am Streben nach diesen Belohnungsstoffen.

Es gibt nun prinzipiell zwei Möglichkeiten: Entweder erreichen wir die Erfolge und damit auch die Belohnungen auf legale Weise, also durch anständiges Leben mit ehrlichem Nahrungserwerb, durch Teilhabe am Leben der Gemeinschaft und natürlich auch durch Sex in guter Partnerschaft. Aber es geht auch anders.

Vor etwa hundert Jahren hatte nämlich mal eine Diskussion unter Wissenschaftlern stattgefunden um die Frage: Gibt es ein Zwischenwesen zwischen Tier und Mensch? Da antwortete der Nobelpreisträger Konrad

Lorenz: »Doch, das gibt es: Das sind wir!« Und – so füge ich als Christ hinzu – auch der Schöpfer sieht, dass wir als Menschen noch nicht ganz fertig und am menschlichen Ziel sind. Daher schickt er uns seinen Sohn, um uns auf eine höhere Stufe zu bringen und lässt uns beten: »Dein Reich komme!« Er möchte – durch unsere Mitarbeit – das Wachsen dieses Reiches der Güte und Menschenfreundlichkeit erreichen. Allerdings bleibt die Frage, wie Kirche mit diesem zentralen Anliegen Jesu umgeht.

Aber weiter zu den Belohnungsstoffen: Hier gibt es zunächst den legalen Erwerb. Durch unsere höhere Intelligenz haben wir aber bemerkt, dass man diese lusterzeugenden Stoffe auch auf kriminelle Weise erwerben kann, wodurch sich nun ein riesiges und oft grauenvolles Feld eröffnet. Dies ist letztlich die Quelle des Bösen. Ich will das an Beispielen deutlich machen:

Alle wichtigen Gebiete des Lebens sind lustbetont, so etwa die Aufnahme und das Beschaffen der Nahrung. Das kann legal geschehen: »Im Schweiße deines Angesichts sollst du dein Brot essen!«. Aber es kann auch kriminell geschehen durch Diebstahl, Raub, Mord, Betrug, Ausbeutung, Eroberung und Krieg, also zum Großteil durch all jenes, worauf die »Zehn Gebote« Bezug nehmen – oder, anders ausgedrückt, durch die in vielen Religionen und Kulturkreisen bekannte »Goldene Regel«: »Was du nicht willst, das man dir tu, das füg auch keinem andern zu!«

Ein weiteres großes Gebiet ist das menschliche Geltungsbedürfnis mit den daraus folgenden Herrschaftsformen. Dieser Bereich kann ebenfalls legal und menschfreundlich gelebt werden durch gute Führung eines

Unternehmens und durch angemessene Teilhabe aller am Geschehen. Aber auch dies kann eskalieren – bis hin zu furchtbaren Gewaltherrschaften mit Unterdrückung, Demütigung, Folter und Vernichtung. Was wir seit dem 24. Februar 2022 in der Ukraine erleben, entspricht genau diesem Muster: Da bricht ein Mensch von ausuferndem Geltungsdrang einen Krieg vom Zaune, nur, damit er sich mit der Rückeroberung eines Weltreichs schmücken kann. Dass er dabei zum einen über Leichen geht und gleichzeitig noch die internationale Vertrauensbasis zwischen den Ländern der Welt zerstört, ist ihm völlig egal. Hauptsache, er füttert sein Ego.

Schließlich ist da noch die Sexualität. Dieses Feld dient – wie im ganzen Reich der Lebewesen – letztlich der Arterhaltung, kann im menschlichen Bereich jedoch – über die biologische Aufgabe hinaus – zum einen der Freude und Verbundenheit in der Paarbeziehung dienen, zum anderen jedoch auch gewaltig eskalieren bis zu Vergewaltigung und Mord.

Zusammenfassend lässt sich feststellen, dass wir auf diesen Feldern – leider – gefährdet sind und bleiben. Kirchlich ist zu dieser Tatsache, so mein Eindruck, noch keine Position gefunden oder es wurde von vielen überhaupt noch nicht wahrgenommen, welche Wurzeln das Böse hat. Hier wartet noch viel an theologischer Arbeit. Jesu Sicht dazu – die er in seinen Gleichnissen, Seligpreisungen und dem Vaterunser ausdrückt – ist eigentlich klar.

Kilometerstein 1968: Teilhard de Chardin

1955 starb der französische Jesuit und Archäologe Pierre Teilhard de Chardin. Er hatte in China an Ausgrabungen zur Menschheitsgeschichte teilgenommen und dazu Veröffentlichungen herausgebracht, die auf kirchlicher Seite wohl wenig Gefallen fanden. Deshalb wurde ihm ein Rede- und Veröffentlichungsverbot auferlegt, woran sich Teilhard auch hielt. Er selbst wurde in die USA versetzt, wo er auch starb. Allerdings besaß er noch ein möbliertes Zimmer in Paris und dort lagerten in einer Truhe seine Manuskripte.

Nach Teilhards Tod erschienen bei der Zimmerwirtin drei Herren aus Rom und verlangten die Herausgabe dieser Manuskripte. Man plante also die totale Vernichtung seiner Gedanken. Die Zimmervermieterin aber verweigerte die Herausgabe und setzte sich, bildlich gesprochen, als wache und grimmige Verteidigerin auf die Truhe.

Inzwischen waren auch Journalisten darauf aufmerksam geworden, dass dort bei der Wirtin etwas Interessantes schlummerte. Auf diese Weise kamen Teilhards Texte schließlich doch noch in die Öffentlichkeit. Sein Hauptwerk erschien – nun ohne kirchliche Genehmigung – und kam auch in deutscher Sprache heraus. Titel: »Der Mensch im Kosmos.« Das Buch wurde sogar in der DDR gedruckt, vielleicht, weil man es für etwas Kirchenfeindliches hielt. Ich verschlang es, denn es war – in meiner Wahrnehmung – das Erste zu dieser Thematik, das überhaupt erschien.

Teilhard de Chardin vertritt darin die These, dass sich die Evolution in gewissen Sphären vollzogen habe: Materie – Leben – Denken – Erscheinen Christi. Die Einteilung in Sphären gefällt mir nicht so sehr. Aber dass da jemand überhaupt die Evolution, zusammen mit dem christlichen Glauben, in diese großen Zusammenhänge setzt, das war für mich eine Offenbarung und bleibt bis heute das große Verdienst dieses Teilhard de Chardin.

Auch dem mir bekannten Künstler Christof Grüger aus Schönebeck mag das so gegangen sein, denn in der Folgezeit schuf er Werke in der Gedankenwelt des Teilhard, wie etwa die Gestaltung der Krankenhaus-Kapelle des Magdeburger St. Marienstifts.

Im gesamten Ostblock, also im sowjetischen Weltreich, hatte die Bedrängung und Unterdrückung der christlichen Kirchen durch staatliche Organe stark zugenommen – allerdings in recht unterschiedlichem Maße, oft sogar bis zur völligen Vernichtung der Kirchen. Aus diesem Grund entschied man sich, Vorsorge für die katholische Kirche in der DDR zu treffen, falls es zu einer Christenverfolgung kommen sollte. Man regte an, für ein vielleicht nötiges Abtauchen in den Untergrund kleinere Gemeinschaften zu bilden und nannte diese Familienkreise.

So bildeten auch wir, unsere Familie mit den Kindern, zusammen mit weiteren Familien einen solchen Familienkreis. Dieser war zunächst recht groß, zerfiel jedoch wieder, weil zu unterschiedliche Leute zusammengekommen waren. Doch dann – im Jahre 1970 – bildeten wir einen kleineren Kreis aus nur drei Familien, die aber in einem vertrauensvollen Verhältnis standen und in ihren »Resten« noch heute bestehen. Inzwischen sind ja einige Jahrzehnte ins Land gegangen – Todesfälle traten ein, Kinder gingen aus dem Haus.

In der Anfangszeit wurden die Familienkreise von Priestern geleitet. Das hatte zwei Gründe: Zum einen gab es durch einen Priester Impulse für den Glauben, zum anderen war eine solche Führung auch im Verhältnis zum Staat nötig, denn nur, wenn einem Kreis ein kirchlicher Leiter vorstand, dann war er, wie bereits an anderer Stelle erwähnt, vor dem Zugriff durch die Staatssicherheit geschützt. Alles andere galt als illegal.

Wie lief das bei uns? In den ersten Jahren hatten wir die Leitung durch einen Priester. Dann – nach einer etwas freieren Entwicklung im Lande – machten wir uns selbstständig. Reihum trafen wir uns nun in unseren Wohnungen. Der jeweilige Gastgeber besorgte Kaffee und Kuchen sowie ein kleines Thema, über das wir sprachen. Anfangs, als wir noch »werktätig« waren, trafen wir uns abends, später dann nachmittags.

Diesen Familienkreis empfanden und empfinden wir bis heute als eine angenehme, kleine Gesprächsgemeinschaft, die gegenüber den üblichen Gottesdiensten die wichtige Ergänzung bietet, miteinander so etwas wie einen »Religionsunterricht für Erwachsene« zu praktizieren, und das im Dialog.

Öfter fanden auch Unternehmungen außer Haus statt: Wir machten Radtouren oder waren mit dem Auto unterwegs. Trotz unseres inzwischen hohen Alters fahren wir noch, was bei unseren Kindern Stirnrunzeln erzeugt. Zwar sind wir uns des Problems durchaus bewusst, fühlen uns aber noch einigermaßen fit und bemühen uns um verantwortungsvolles Verhalten im Straßenverkehr. Bald aber wird der Abschied kommen. Dann läuft unser kleiner Familienkreis nur noch telefonisch – und irgendwann kommt der endgültige Abschied.

Die nun folgende Episode trug sich 1971 in der Harzer Lungenklinik »Albrechtshaus« zu, in der Nähe von Stiege. Bei mir war durch die damals üblichen Reihenuntersuchungen eine Lungen-Tbc festgestellt worden. Also wurde ich in diese Klinik eingewiesen und mit einer Art Chemotherapie behandelt, übrigens durchaus erfolgreich: Die Krankheit kam zum Stehen und die Herde kapselten sich mit sogenannten Kalkschatten ein. Allerdings dauerte das einige Monate, was für meine Frau mit den drei Kindern eine schwierige Zeit war.

Im Bett neben mir lag ein junger Mann. Er hatte – wie für die Mehrheit der DDR-Bevölkerung üblich – keine kirchliche Beziehung und dies sicher schon über viele Generationen. Auf meinem kleinen Nachttisch lag ein »Neues Testament«, worin ich öfter las. Eines Tages fragte mich mein Bettnachbar dann: »Was ist denn das für ein Buch? Kann ich da auch mal drin lesen?« Ich gab es ihm mit der Empfehlung: »Nimm das Evangelium nach Markus, das ist das kürzeste!« Und er las.

Für den darauffolgenden Sonntag wurde ein katholischer Gottesdienst angekündigt. Er sollte in der neben der Klinik stehenden kleinen »Stabkirche« stattfinden, die ein skandinavischer Patient gestiftet hatte und die kürzlich nach Stiege umgesetzt worden war. Mein junger Bettnachbar fragte, ob er vielleicht mitkommen könne. Natürlich sagte ich zu. Als Priester erschien ein alter Ordensgeistlicher. Dieser zelebrierte eine sogenannte »stille Messe« – es wurde also kein Lied gesungen und auch die Predigt entfiel. Und dann hielt er die Liturgie auch noch auf Latein, obwohl das Konzil schon einige Jahre zurücklag. Bei der sogenannten Wandlung (also bei den Einsetzungsworten, die Jesus beim letzten Abendmahl über Brot und Wein sprach) beugte sich der Ordensmann tief über den Altar und flüsterte ehrfürchtig: »Hoc est enim corpus meum …«

Auf dem Rückweg schwiegen wir zunächst, aber dann sagte der junge Mann: »Also Dieter, dieser Jesus, über den ich in deinem Buch gelesen habe, den finde ich ja ganz großartig. Aber – sage mal – was war denn das da eben?«

Bei dieser Frage wurde mir schlagartig klar, was prägend für mein ganzes späteres Leben bleiben sollte: Irgendetwas haben wir falsch gemacht im Verhältnis zwischen der Botschaft Jesu und der kirchlichen Praxis. Ich kann es zwar nicht näher beschreiben, aber der Verdacht, dass hier nicht nur eine sakrale, sondern sogar eine magische Handlung stattfand, der verfolgte mich und ließ mich viele weitere Fragen stellen.

Kilometerstein 1971(b): Elternaktiv

1968 kam unsere Tochter zur Schule und ich meldete mich für das sogenannte Elternaktiv. Dabei handelte es sich um eine Gruppe von Vätern und Müttern, die – gemeinsam mit der Klassenlehrerin – zu regelmäßigen Sitzungen zusammentraf, meistens einmal im Monat. Dabei wurde über Probleme in der Klasse beraten. Auch auch eine Vorsitzende oder ein Vorsitzender musste gewählt werden, und das hatte eigentlich – so die interne Regel – ein SED-Genosse zu sein. Bei uns gab es damals nur einen einzigen Genossen, aber der war hauptamtlicher Mitarbeiter des Ministeriums für Staatssicherheit. Er aber nannte sich »Behördenangestellter« und hatte natürlich viel zu tun. Deshalb wurde der Christ Dieter Müller Vorsitzender dieses Elternaktivs. Bei unseren beiden Söhnen waren meine Frau und ich später ebenfalls in den Elternaktiven.

Mit diesem Amt waren aber nicht nur Sitzungen verbunden, sondern auch Klassenausflüge, Faschingsveranstaltungen, Pioniernachmittage und Kontakte mit der Schulleitung. Bei den Beratungen ging es oft um Kinder aus Familien, die man heute »bildungsfern« nennt. Letztlich standen wir dabei vor einem Problem, das uns bis zum heutigen Tag verfolgt, nämlich die ungleiche geistige Förderung von Kindern, je nach Elternhaus. Eltern dieser Art kamen nicht zu Elternabenden, daher machten wir Mitglieder des Elternaktivs auch Hausbesuche – allerdings nur mit geringem Erfolg.

Die DDR-Führung versuchte, dagegen zu steuern, und tat dies durch die Förderung der »Arbeiter- und

Bauernkinder«. Das führte jedoch zur Benachteiligung anderer Kinder, nämlich zum Beispiel unserer, etwa wenn es um die Aufnahme in eine Oberschule ging. Auch die Universitäten hatten die Vorschaltung sogenannter »Arbeiter- und Bauernfakultäten«. Man verband damit gleich noch einen weltanschaulichen Hieb, denn vor einer Aufnahme in die Universität mussten die Studierenden einen schriftlichen Beweis vorlegen, dass sie aus der Kirche ausgetreten waren. Ich weiß das deshalb, weil die vielen Austrittserklärungen bei unserer Ortsgemeinde ankamen.

Einmal trat für mich als Elternaktiv-Vorsitzender ein brisanter Fall ein, als ein Schüler auf seinen Hefter den wohl lustig gemeinten Satz geschrieben hatte: »Gestern standen wir vor dem Abgrund – heute sind wir einen Schritt weiter.« Ein ideologisch strenger Lehrer hatte das gesehen, und der Hefter lag schon auf dem Tisch im Lehrerzimmer. Ich sprach mit dem Schulleiter. Weil ich ihn gut kannte, gelang es mir, das »Delikt« in die Rubrik »dummer-Jungen-Streich« zu bringen und zu entschärfen. Aber Vorsicht war angeraten: Ideologen verstehen eben keinen Spaß!

An dieser Stelle möchte ich einige Tagebuchaufzeichnungen einfügen, die ich tatsächlich damals geschrieben habe:

»Samstag, 13. Juni 1953: Die Sache geht jetzt rapide den Bach hinunter. Die SED-Bonzen tragen schon keine Abzeichen mehr. Auf manchen Jacken sieht man die Flecke, wo vorher die verschiedenen Orden saßen. Die Bevölkerung ist äußerst optimistisch. Das beweist ein kleiner Vers aus dem Volk: ›Es stinkt an allen Enden – Die SED geht ein – Es wird sich alles wenden – Bald werden frei wir sein.‹

Mittwoch, 17. Juni 1953: Gestern brachte RIAS die Nachricht, dass es in Berlin zu heftigen Demonstrationen gekommen ist, die durch die Bauarbeiter der Stalinallee ins Rollen gebracht wurden. Heute um 12 Uhr kam durch die Ludwig-Wucher-Straße eine große Demonstration der Arbeiter aus den Leuna- und Bunawerken, der sich die Bevölkerung anschloss. Die Arbeiter riefen: ›Nieder mit der Regierung!‹ ›Wir fordern Freilassung der politischen Gefangenen!‹ Die Geschäftsstelle der ›Deutsch-sowjetischen Freundschaft‹ wurde zertrümmert. Das ganze Inventar liegt jetzt noch auf der Straße. Eine große Volksmenge zog vor das Regierungsgebäude in der Willy-Lohmann-Straße, riss die Transparente nieder, warf Bilder und Schriften auf die Straße. In Berlin hat die Besatzungsmacht den Ausnahmezustand verhängt. Panzer rollen durch die Straßen.

Freitag, 19. Juni 1953: Am Abend des 18. Juni wurde auch in Halle der Ausnahmezustand verhängt. Die

Revolution war erfolglos! Auf allen lastet diese Bedrückung. Nur wenige Stunden waren es am 17. Juni, wo die Menschen frohe Gesichter trugen, wo jeder mit dem Nächststehenden auf der Straße sprach und seine ehrliche Meinung austauschte. Für eine kurze Zeit war die Bedrückung fortgenommen, die seit acht Jahren Diktatur auf uns lastete. Umso schwerer nach diesem Lichtblick lastet jetzt die neue Diktatur auf uns. Ich glaube aber, dass die werktätigen Menschen den Kampf nicht aufgeben werden, den Kampf gegen Unterdrückung und Ausbeutung.«

Soweit mein Tagebucheintrag

Übrigens hatte das Zentralkomitee der SED am 9. Juni – veröffentlicht am 12. Juni – Fehler auf vielen Gebieten eingestanden und beschlossen, eine ganze Reihe von Maßnahmen zurückzunehmen. Hier nur eine knappe Zusammenfassung: Die von der Oberschule verwiesenen evangelischen Schüler, die zur »Jungen Gemeinde« gehörten, werden wieder aufgenommen und dürfen ihre Prüfungen nachholen. Rückgabe von enteigneten Geschäften an die Eigentümer. Bei Immatrikulationen an den Hochschulen dürfen Bewerber aus der Mittelschicht nicht mehr benachteiligt werden. Preiserhöhungen für Marmelade, Kunsthonig, Süß- und Backwaren werden zurückgenommen. Republikflüchtige Personen bleiben bei Rückkehr straffrei.

All dies kam aber zu spät, um den Volksaufstand noch abzuwenden – sowjetische Panzer hatten ihn beendet. Etliche Menschen waren schon direkt zu Tode gekommen und es setzte eine große Verhaftungswelle ein, die mit hohen Verurteilungen endete.

Kilometerstein 1973: Hausvertrauensmann

Zu diesem Amt kam ich auf ähnliche Weise wie zuvor zum Vorsitz des Elternaktivs: Für jedes Haus in der DDR war angeordnet, dass dort einer oder eine der Bewohner zu Hausvertrauensmann oder -frau erklärt wurde. Von ihm oder ihr musste ein sogenanntes Hausbuch verwaltet werden. Darin waren alle Bewohner eingetragen, natürlich auch alle diesbezüglichen Veränderungen. Und in einer Zusatzliste wurden alle Besucher registriert, die aus dem Ausland kamen, also besonders aus der Bundesrepublik. Außerdem hatte der Verwalter dieses Buches die Kohlenkarten beim Amt abzuholen und an die Bewohner zu verteilen.

Natürlich sollte diese Funktion mal wieder von einem SED-Genossen ausgeübt werden. In unserem Haus mit den sechzehn Mietparteien gab es allerdings nur einen einzigen Genossen. Und der wollte nicht. Nach langem Hin und Her erklärte ich mich dazu bereit. Damit hatte ich nun also die persönlichen Daten der Bewohner in diesem Hausbuch, hätte allen zum Geburtstag gratulieren können, tat das aber nicht, um den Überwachungscharakter der ganzen Sache nicht noch weiter zu betonen.

In gewissen Zeitabständen kam der »ABV« zu mir, der »Abschnittsbevollmächtigte«, um die korrekte Führung des Hausbuchs zu kontrollieren. Dabei handelte es sich um einen Polizisten, der für die Aufsicht und den Kontakt mit den Bürgern in einem Stadtviertel oder Ortsteil zuständig war.

Zu den turnusmäßigen Besuchen des »ABV« kamen noch zusätzliche, nämlich beispielsweise dann, wenn ein

Hausbewohner den Antrag für eine Besuchsreise nach Westdeutschland gestellt hatte. Dann fragte mich der »ABV«, ob denn die Ehe desjenigen in Ordnung sei. Denn nur dann – so die DDR-Logik – sei einigermaßen garantiert, dass dieser Ehepartner wieder zurückkomme. Es durfte sowieso nur einer fahren, der andere blieb sozusagen als Geisel zurück.

Nun kannte ich die Menschen dieser sechzehn Mietparteien natürlich nicht näher, viel weniger noch die Qualität ihrer Ehen. Aber ich habe gegenüber dem »ABV« immer munter bestätigt: »Alles in Ordnung!« Schließlich wollte ich doch niemandem die Reise verderben. Aber es war mir bewusst, dass – wenn die Beziehungen in einem Hause schlecht waren – hier auch die Möglichkeit bestand, gehässige Auskünfte zu geben.

Manchmal fragte der »ABV« noch, ob die Leute zur Wahl gingen. Das wusste ich doch nicht! Da hätte der Polizist doch besser im Wahlamt nachfragen können. Aber ich bestätigte: »Selbstverständlich gehen die Leute zur Wahl.« Pikant dabei war, dass ich selbst nicht hinging, denn als kirchlicher Angestellter konnte ich mir das leisten, weil ich nicht – wie alle anderen DDR-Bürger – über den Arbeitsplatz angreifbar war. Aber das wusste der »ABV« nicht. Erst im Frühjahr 1990 wurden die Hausbücher abgegeben.

Kilometerstein 1984: Rom

Papst Johannes Paul II. hatte für 1983/84 ein außerordentliches »Heiliges Jahr« verkündet. Anlass war der 1950. Todestag Jesu (1983 = 1950 + 33, also das von Jesus erreichte Lebensalter). Schon weit im Vorfeld begannen Verhandlungen zwischen der katholischen Kirche und der DDR-Führung, ob eine Gruppe von 150 Katholiken aus diesem Anlass nach Rom fahren durfte.

Hintergrund: Seit dem Mauerbau vom 13. August 1961 war es den DDR-Bürgern ja streng verboten, das Land zu verlassen. An den Grenzen gab es Schießbefehl, Minen, Selbstschussanlagen und dadurch viele Todesopfer. Darum war das Ansinnen einer Pilgerreise geradezu tollkühn. Und doch gelang es. Allerdings hatten sich die Verhandlungen schon so lange hingezogen, dass das Heilige Jahr inzwischen fast vorüber war. Aber Ende 1983 gab es endlich grünes Licht. Für das »Bischöfliche Amt Magdeburg« – wie unser heutiges Bistum damals hieß – waren 35 Teilnehmer vorgesehen. In den Gemeinden wurden diese Plätze durch Wahl, Los oder direkt von den Pfarrern vergeben.

Damals war ich Lektor in unserer Gemeinde St. Sebastian, und eines Sonntags verhaspelte ich mich bei der Lesung. Meine Frau wunderte sich. Als wir schon die Hälfte des Heimwegs zurückgelegt hatten, sagte ich zu ihr: »Propst Stolpe fragte mich, ob ich nach Rom fahren wolle.«

Das bischöfliche Amt sagte: »Wenn der Müller mit nach Rom fährt, dann kann er doch den organisatorischen Kram für die 35 Teilnehmer übernehmen.« Zu-

nächst hieß das, in Berlin einige Pakete mit Antrags-
formularen abzuholen. Anschließend musste ich die
Teilnehmer telefonisch von unserem Pfarrhaus aus über
die anderen Pfarrhäuser in unsere Privatwohnung einla-
den – die »gewöhnlichen« DDR-Bürger hatten ja kein
Telefon. Man kann sich vielleicht vorstellen, wie ver-
ärgert damals die Staatssicherheit war. Auch die Pfarrer
hatten Bedenken und hielten das für eine Falle.

Nun kamen die 35 also zu uns. Jeder von ihnen hatte
sage und schreibe sieben Anträge auszufüllen und außerdem einen Lebenslauf zu schreiben. Schließlich waren für
jeden noch sieben Passbilder anzufertigen, bei Männern
mit Krawatte. In unserem Wohnzimmer saßen gleichzeitig mehrere Teilnehmer und schrieben ihre Anträge.
Im Nebenraum standen zwei Fotoapparate auf Stativen,
dazu Fotolampen. Und es lagen zwei Hemden und zwei
Schlipse bereit. Meine Frau beriet die Schreibenden. Ich
machte die Fotos, sicherheitshalber auf zwei Filmen.

Zwei Männer hatten schon fertige Passfotos mitgebracht. Erst als sie schon wieder weg waren, bemerkte ich:
Keine Krawatte! In der eigenen Dunkelkammer fotografierte ich dann die Bilder ab, vergrößerte sie, kombinierte
sie mit Schlipsen, klebte alles zusammen und verkleiner-
te die Bilder anschließend wieder auf Passbildgröße. Was
war ich später stolz, dass dies keiner bemerkt hatte!

Am 11. März 1984 begann die Reise – natürlich nur
für mich. Wie im vorherigen Kapitel beschrieben, mussten die Partner ja als Geisel in der DDR bleiben. Zunächst ging es nach Berlin, wo es in der »Pappelallee«
(ein kirchliches Haus) die Reisepässe und den Reisesegen
gab. Leiter war Weihbischof Weider (Berlin). Außerdem
begleitete uns Prälat Dissemont als Kontaktmann zur

Staatssicherheit und zu den Finanzen. Dann ging es endlich zum Zug. Unsere Wagen wurden verschlossen und verplombt. Am 11. März fuhren wir am Berliner Ostbahnhof los und kamen – über Prag – am 12. März in Wien an. Von da ab ging es mit einem schönen Reisebus weiter. Prälat Dissemont vergatterte uns streng: »Keinen Kontakt zu Presse oder Fernsehen! Sonst können andere später nicht mehr fahren.« Daher blieben uns nur banale Reaktionen. »Wovon sind Sie beeindruckt?« »Ja, wir sind beeindruckt.« Wir durften ja auch den Befehl nicht nennen. Erst in den Gemeinden berichteten wir später von diesem großen Ereignis.

Heute würde man eine solche Fahrt unter touristischem Aspekt sehen. Damals aber war unser Empfinden ein ganz anderes: Wunder! Traumzustand! Raus aus dem Gefängnis! Freie Welt! Westliche Hauptstädte! Den Papst nahe erleben! Gottesdienste und Gebetsstationen! Kurzum – ein einzigartiges, gläubiges, seelisch tief bewegendes Erlebnis, das auch später nicht mehr eingeholt oder gar überboten werden konnte.

Fast wie nebenbei gehörten dazu der Stadtbummel in Wien, die Bootsfahrt in Venedig, die herrlichen Landschaften, das Kloster des heiligen Franz in Assisi, der Abend am Mittelmeer sowie gutes Essen und Trinken. Prälat Dissemont verschwand manchmal, holte Geld von Banken und verteilte es an uns: Schilling in Österreich, Lira in Italien und zum Schluss noch einen 100-DM-Schein – jenes Westgeld, das absurderweise in der DDR die eigentliche, wertvolle Währung war.

In unserer Gruppe waren zwei Ärzte. Auf dem Hinweg hatten sie nichts zu tun, da waren alle »gesund«, hielten sich also straff aufrecht. Auf dem Rückweg brach jedoch bei vielen die Anspannung zusammen, sodass ärztliche Hilfe nötig wurde. Alle 150 kehrten in die DDR zurück.

Insgesamt aber war es ein großartiges, unvergessliches Erlebnis. Dank an Gott!

Papst Johannes Paul II. während unseres Rom-Besuchs

Kilometerstein 1988-1991: Martin Fritz

Ein für mich zentrales, also in die Mitte meines Glaubens gehendes Ereignis war der dreijährige theologische Kurs bei Prälat Martin Fritz. Dieser fand zwischen 1988 und 1991 statt, und ich zehre noch heute davon.

Martin Fritz – Jahrgang 1912 – war Priester und leitete lange Zeit die Ausbildung der »Seelsorgehelferinnen« für die ganze DDR-Kirche. Darüber hinaus gab er – zusammen mit Hugo Aufderbeck – die »Pastoralen Hefte« heraus. »Rat Fritz«, so nannten wir ihn, war also an vorderer geistiger Front tätig, stand mitten im pädagogischen Leben und betrieb eine moderne Theologie, die die Impulse des II. Vatikanischen Konzils weiterführte. Während andere die Gedanken des Konzils – wohl aus Angst vor der eigenen Courage – zurückgefahren hatten, führte Martin Fritz sie weiter, etwa auf dem Gebiet, wie Schrifttexte aufzufassen sind.

Das begann schon bei den ersten Seiten der Bibel, also im Buch Genesis. Während wir heute längst gewohnt sind, evolutiv zu denken, also in Entwicklungen, waren solche Gedanken den Autoren der Genesistexte völlig fremd. Sie dachten statisch, will heißen: So wie es jetzt ist mit der Welt und den Verhaltensweisen der Menschen, so war es immer. Daher war für sie auch der Monotheismus (Ein-Gott-Glaube) ganz selbstverständlich gewesen. Gott war eben der Eine, den sie selbst verehrten. Und der spricht im Buch Genesis. Dass dort manchmal auch Tiere etwas sagen, kommt hinzu. Allerdings war es für die Schlange nichts Neues, als Gott zu ihr sprach: »Auf deinem Bauche sollst du kriechen!« Das sind so die klei-

nen heiteren Momente, die es sogar in der Bibel gibt.
Man muss nur ein Auge dafür haben!

Prälat Martin Fritz

Doch zurück zum statischen Denken: Da hatten die
Genesis-Autoren bemerkt, was auch wir – leider – je-
den Tag bemerken können, nämlich dass die Menschen
Böses tun, schuldig werden und dass das Leben bis zum
Tode hart sein kann. Daraus schlossen sie, dass ganz im
Anfang der Menschheitsgeschichte etwas schiefgelaufen
sein müsse, denn Gott kann das nicht gewesen sein. Also
muss wohl der Mensch die Sache verdorben haben.

Aus dieser Haltung heraus entwickelten sie ihren
Text, der aber im jüdischen Verständnis kein Sündenfall, sondern eine Begründung für die Unbilden des
menschlichen Lebens ist. Diese werden ja auch deutlich
genannt: die Schwere der Arbeit, die Geburtsschmerzen
der Frau und schließlich der Tod. In diesem Zusammenhang wird dann gleich noch die Theodizee-Problematik
mit erledigt. Denn wenn Menschen fragen: »Wie kann
Gott so etwas zulassen?«, dann kann geantwortet wer-

den: »Freunde, das habt ihr euch selbst zuzuschreiben: Warum wart ihr damals so ungehorsam?«

Übrigens fasste auch Paulus den Text als Tatsachenbericht auf, denn im Römerbrief schrieb er: »Durch einen Menschen kam der Tod …«

Der Text nutzt zwar einige Quellen – etwa das babylonische Weltbild und die Geschichte der Schlange –, ist aber letztlich doch völlig frei verfasst, also ein Mythos. Und das wiederum bedeutet: Die Schuld eines Adam gibt es nicht (wer sollte das auch gewesen sein?) und damit auch nicht die weitergeführte These einer Erbsünde. Für mich war diese Erkenntnis ein Befreiungsschlag, und ich ahnte, welche gewaltigen Konsequenzen sich daraus ergaben. Andererseits ahnte ich aber auch, warum die Kirche mit solcher Hartnäckigkeit an der Erbsünde festhielt. Eine Kurs-Teilnehmerin aus der Gemeinde sagte damals zu mir: »Da musste ich doch sehr schlucken.«

Übrigens: Bezüglich der Thematik »Paradies« hatte es bereits über zwanzig Jahre zuvor schon mal eine Diskussion gegeben, deren Tragweite wir Teilnehmer damals nicht erkannten. Sie fand bei einem Treffen für Lehrer im Konrad-Martin-Haus in Bad Kösen statt. Hugo Aufderbeck hatte diese Treffen eingerichtet – es gab sie für Mediziner, Techniker und Lehrer – und sie über mehrere Jahre geleitet. Die Lehrer trafen sich in den Weihnachtsferien, auch ich nahm mehrmals teil.

Bei einem der Treffen, es muss Anfang der sechziger Jahre gewesen sein, übernahmen beide die Leitung, also Hugo Aufderbeck – gerade Erfurter Bischof geworden – und Martin Fritz, Leiter des Seelsorge-Amtes in Magdeburg. Irgendwie waren die beiden vor versammelter Mannschaft auf die Frage gestoßen: »Gab es ein Paradies?« Martin Fritz antwortete mit einem klaren »Nein«. Bischof Aufderbeck dagegen wollte noch ein kleines Stückchen vom Paradies retten. Einigen konnte man sich damals nicht. Ich machte für einen kleinen Lichtbildervortrag anlässlich des nächstjährigen Treffens diese Collage über das Streitgespräch zum Thema Paradies:

Die Tragweite der Antwort auf die Frage, ob es ein Paradies gegeben hat oder nicht, war uns Teilnehmern damals nicht bewusst, den beiden Kontrahenten aber sehr wohl. Ihnen war sicher klar, dass vieles an dieser Frage hängt, nämlich die ganze Erbsündenproblematik. Wir, die Teilnehmer, sahen vor uns jedoch nur einen sogar halbwegs heiteren Streit der beiden Herren. Erst sehr viel später verstand ich, was da über die Bühne gegangen war.

Beim Theologiekurs von Martin Fritz ab Ende der achtziger Jahre wurde mir außerdem Folgendes klar: Wenn ein Orientale einen Gedanken rüberbringen will, dann erzählt er eine Geschichte. Und sein Gegenüber, der zuhörende Orientale, versteht sofort: »Aha, hier wird eine Geschichte erzählt.« Diese hat einen quasi gegenständlichen Rahmen, darüber hinaus aber auch einen geistigen Inhalt, der jedoch nicht ausdrücklich als Klartext herausgestellt oder betont wird. Er bleibt in der Geschichte »verborgen«, muss nur seelisch empfunden werden.

Das aber fällt uns verkopften Mitteleuropäern recht schwer, denn wir möchten immer gern wissen: »War es wirklich so?« Damit werden wir vielen Bibeltexten allerdings nicht gerecht. Im Prinzip sind die Gleichnisse Jesu so gebaut, und meistens verstehen wir sie auch. Ja, Jesu Hauptanliegen und die Basis seiner ganzen Theologie läuft über diese Geschichten – eine Tatsache, die in unserem apostolischen Glaubensbekenntnis leider nicht vorkommt. Da geht es von der Jungfrauengeburt gleich ans Kreuz. Und damit wird suggeriert, dass dies beides das Wichtigste an der ganzen Jesusgeschichte sei.

Als in unserm Kurs das Thema Jungfrauengeburt dran war, verteilte Rat Fritz dünne und blass gedruckte Zettel – es war noch zur DDR-Zeit – und bat einen von uns, den kurzen Text vorzulesen. Darin wurde von einem römischen Fürsten berichtet, der ein Zeitgenosse Jesu war und aus einer Jungfrauengeburt hervorgegangen sei. Nach dem Vorlesen sammelte Rat Fritz die Zettel wieder ein, sagte kein einziges Wort, und das war's dann. Die Schlussfolgerung blieb uns überlassen. Mehr ging damals nicht.

Kilometerstein: Zur Innenseite

Alle Lebewesen wollen etwas, nämlich ihr eigenes Leben erhalten und für den Weiterbestand der Art sorgen. Dabei machen sie den Eindruck, als agierten sie wie von einem Zentrum her. Für uns Menschen als hoch entwickelte Primaten ist das selbstverständlich. Aber es sieht so aus, als träfe dies auch für die allerkleinsten und einfachsten Wesen zu, wenn auch auf niedrigem Niveau. Selbst Pantoffeltierchen, die ich als kleiner Junge durch das Schülermikroskop beobachtete, reagieren auf Begegnungen und analysieren, ob da etwas Fressbares ist. Zwar wird die Erlebniswelt eines Regenwurms recht bescheiden sein, dennoch will er etwas, handelt zweckmäßig und sorgt für sein eigenes Überleben genauso wie für das seiner Nachkommenschaft.

Aber alle Lebewesen – ob schlicht oder hochintelligent – haben ein inneres Erleben. Dies kann man geradezu als Hauptmerkmal des Lebens bezeichnen. Es bleibt geheimnisvoll und lässt sich letztlich nicht erklären, denn da stehen sich zwei völlig verschiedene Bereiche gegenüber, die doch eine Einheit bilden: Auf der einen Seite werden Nervenzellen erregt – Synapsen »feuern«, schicken also über Spalten hinweg elektrische Ladungsträger von Zelle zu Zelle. Und auf der anderen Seite erlebe »Ich« einen schönen Sonnenaufgang.

Offensichtlich ist beides zusammen ein einziger Vorgang, der die zwei Seiten hat: eine organische und – gleichzeitig – eine seelische. Fachleute bezeichnen dieses geheimnisvolle Geschehen als »psycho-physische Schwelle« und meinen, mit diesem Wort das Phänomen erfasst zu haben. Beschrieben ist es damit zwar, geklärt natürlich nicht. Übrigens gehört diese Denkweise zur naturwissenschaftlichen Methode. Diese stellt, wie ich es ja bereits während meines Physik-Studiums gelernt hatte, keine Was-Fragen – sie fragt also nie: »Was ist Elektrizität, Masse oder Zeit?« Sondern sie fragt nur: »Wie kann ich dies messen, wie experimentell erfassen und wie in mathematische Form bringen?« Deshalb kann man mit dieser Methode eben auch nur einen Teil der Wirklichkeit erfassen, also jenen, der durch Messung und Experiment erfassbar ist.

Versetzen wir uns einmal in die Geschichte eines Elektrons! Es ist seit dem Urknall vor 13,8 Milliarden Jahren zunächst lange Zeit allein im Weltraum unterwegs, kombiniert sich dann mit anderen Elementarteilchen zu größeren Einheiten, nimmt teil an Fusionsprozessen zur Bildung des ganzen Sortiments der chemischen Elemente, bildet Festkörper und Flüssigkeiten und »freut« sich darauf, eines Tages Bestandteil eines Lebewesens zu sein und diesem ein inneres Erleben zu ermöglichen. Da muss man doch wohl annehmen, dass dieses Elektron schon die ganze Zeit vorher – wenn auch in verborgener Weise – die Fähigkeit zu einer psychischen Innenseite in sich getragen hat. Es muss also zusätzlich zu seinen physikalischen Parametern wie Masse, Ladung oder Spin auch noch die Fähigkeit besitzen, psychische Vorgänge zu tragen, quasi wie eine Innenseite, und dies bereits lange vor dem Erscheinen der Lebewesen. Es ist eine Kombination von Materiellem mit Seelischem, als Ganzes eine riesige Psychosomatik. Daher muss man gar nicht fragen, wann und wie der Geist in die Welt kam. Er war von vornherein drin.

Wir Menschen nehmen teil an beiden Bereichen. Auf der einen Seite haben wir da oben in unserer Kapsel eine graue Masse mit etwa 100 Milliarden Ganglienzellen – darin stecken Vokabeln, Fachkenntnisse, Bilder unserer Lieben, Melodien, das kleine Einmaleins, die Fähigkeit zum Autofahren und vieles mehr an Bildern, Gedanken, Gefühlen sowie menschlichen Beziehungen. Dort in unserer persönlichen Welt kennen wir uns aus. Auch können wir uns von unserer Innenseite her zur Innenseite anderer Menschen wenden und in Beziehung treten.

Glaubende Menschen vertrauen darauf, dass es noch eine weitaus größere Innenseite gibt, in der jemand wohnt wie ein guter Vater oder eine liebende Mutter. Ein alter Name dafür ist »Himmel« im Sinn von »heaven«, in den »the saints go marching in« – also nicht »sky«, der astronomische Himmel über unseren Köpfen. Dass sich der Mensch von seiner persönlichen Innenseite her zu jener großen Innenseite wenden kann, ist zwar nicht beweisbar, aber andererseits auch nicht unvernünftig. Und jener, der dem Elektron vor langer Zeit die seelische Innenseite mitgab, der freut sich, dass sich daraus Partner entwickelt haben, zu denen er in Beziehung treten kann. Vielen führenden Kirchenleuten sind solche Gedanken allerdings weitgehend fremd, denn sie sind zum einen fachlich nicht informiert und bringen andererseits aus der Vergangenheit (nach dem vergeblichen Kampf gegen die Positionen von Galilei und Darwin) eher die Befürchtung mit, dass von naturwissenschaftlicher Seite her Gefahr drohe. Ich bedaure diesen Zwiespalt. Stattdessen wäre eine ganzheitliche Auffassung der Welt und des Menschen mit materieller Außenseite und seelischer Innenseite lebensfreundlich und sinnvoll.

Kilometerstein: Der Allmächtige

Diese Bezeichnung – in liturgischen Texten tausendfach genannt – geht zwar recht flott und oft unbedacht über die Lippen, verdient aber doch, sie einmal mit einem aufmerksamen Blick zu betrachten. Denn wenn Gott allumfassend allmächtig wäre, dann wäre er eben auch verantwortlich für alles, was geschieht. Und damit steht sofort der berechtigte Vorwurf im Raum: »Wie kann Gott so etwas Schlimmes zulassen?« – also die schon erwähnte Theodizee-Problematik.

Meine These: Die Allmacht Gottes hat zwei Lücken. Da wäre zum einen das evolutive Weltgeschehen, das nach naturgesetzlichen Regeln erfolgt, und zum anderen der menschliche freie Wille. Der geschieht nämlich autonom. Um Verbrechen zu verhindern, müsste Gott ja jedem Mörder in den Arm fallen. Das tut er allerdings nicht. Zudem würde das ja bedeuten, dass wir wie in einem Ameisenstaat zu leben hätten, ohne eigenen Willen. Gott möchte jedoch, dass wir frei sind, auch zur Liebe und zur Partnerschaft.

Im Vaterunser lässt Jesus uns beten: »Dein Wille geschehe wie im Himmel so auf Erden.« Wenn man das nicht als gedankenlose Floskel auffasst oder gar als fatalistische Äußerung, sondern als das, was es wirklich ist: Eine ausdrückliche Bitte an den himmlischen Vater, dass sein Wille geschehen möge, dann bedeutet dies doch, dass der Wille des Vaters eben nicht automatisch geschieht, sondern erbeten sein will. Und wer so betet, von dem erwartet man doch, dass er dann auch im Sinne des himmlischen Vaters handelt und lebt.

Dass Gottes Macht und Wille letztlich das ganze, riesige Weltgeschehen umfasst, und zwar in einer Weise, die wir uns nicht vorstellen können, gilt natürlich und ist Inhalt unseres Glaubens. Doch das Geschehen vor Ort in unserer unmittelbaren Umwelt möchte Gott in unsere Hand und Verantwortung legen, ausgedrückt etwa in einem Wort wie: »Gebt ihr ihnen zu essen!«

Kilometerstein: Doppelter Boden

Bei Kunstwerken, die in der DDR entstanden, machte es den Betrachtern große Freude, neben der offiziellen Aussage des Werkes auch noch danach zu forschen, ob der Künstler in sein Werk womöglich einen doppelten Boden eingearbeitet hatte. Manchmal war das ziemlich offenkundig, wie etwa bei dieser Stahlplastik, die lange Zeit auf einer innerstädtischen Wiese in Magdeburg ausgestellt war:

Ringsum sieht man Bilder einer schönen Welt. Durch das Ganze aber geht – auf der oberen Fläche – ein tiefer Riss. Zumindest habe ich dieses Werk so empfunden. Der Künstler hätte diese meine Deutung – offiziell – sicher weit von sich gewiesen, innerlich aber gedacht: Angekommen!

Ähnlich erging es mir einmal auf fotografischem Gebiet: Für ein Kulturhaus hatte ich eine Ausstellung zusammengestellt, und zwar mit Fotos unter dem Titel »Nacht und Nebel«. Der Ausstellung war ein Besucherbuch beigegeben. Außer einigen positiven Äußerungen konnte man eines Tages darin lesen: »Sollte vielleicht für den Autor dieser Fotos auch der Sozialismus ›Nacht und Nebel‹ sein?« Natürlich musste ich das – gegenüber unserem Leiter von der Partei – scharf dementieren. Allerdings dachte ich auch hier: »Der Besucher ist zwar dagegen, aber er hat es verstanden.«

Nebelbilder waren in der DDR ein Politikum. Nimmt man dazu noch Hermann Hesses Gedicht:

»Seltsam, im Nebel zu wandern. Leben heißt einsam sein. / Keiner kennt den andern. Jeder ist allein.«, dann wird die ganze Melancholie des Nebels deutlich – nichts für den fröhlichen Sozialismus!

Im Zusammenhang mit meiner Fotografie kam es noch zu einer weiteren unerfreulichen Begegnung mit der Staatsmacht der DDR: Während der sogenannten »Messe«, wie der herbstliche Jahrmarkt in Magdeburg bezeichnet wurde, sah ich in einer Losbude einmal ein Bündel Maschinenpistolen – zwar aus Kunststoff, aber echt aussehend – und darüber schwebte das Schild »Die große Chance«. Dies empfand ich als kleine Disharmonie im »Friedensstaat DDR«, und da ich wie immer eine Kamera dabei hatte, machte ich von diesem netten Motiv eine Aufnahme. Als eine Frau das sah, »schaltete« sie sofort und erkannte schlagartig – wahrscheinlich erst durch mein Fotografieren darauf aufmerksam geworden – die Brisanz des Motivs. Sie rannte in Richtung der zwei Volkspolizisten, die in einiger Entfernung standen. Auch ich rannte los – allerdings in die andere Richtung. Glücklicherweise waren viele Leute unterwegs, die mir Sichtschutz gaben. Dadurch konnte ich einen Haken schlagen und entkommen.

Einem meiner Fotofreunde erging es wesentlich schlimmer: Einmal saßen am Magdeburger Hasselbachplatz zwei »Gammler« auf der Straße. So nannte man damals jene jungen Leute mit Irokesenschnitt und entsprechender Kleidung. Sitzen auf der Straße war in der DDR verboten. Es dauerte also nicht lange, bis zwei Volkspolizisten erschienen, die »Gammler« sahen und die beiden jungen Leute hochrissen.

Als mein Freund das fotografierte, ließen die Polizisten die Gammler fallen, stürzten sich auf den Fotografen und nahmen ihn mit. Die ganze Nacht hindurch wurde ihm beim Verhör durch die Staatssicherheit nur eine einzige Frage gestellt: »Was wollten Sie mit dem Foto?« Folge: Mein Freund verlor seine Stellung bei der Universität. Eine Weile schlug er sich mühsam mit Hausmeisterarbeiten durch, bis er schließlich einen Ausreiseantrag stellte und die DDR verließ.

Kilometerstein: Familie

Aber wie ging es mit unserer Familie in den siebziger und achtziger Jahren weiter? Unsere drei Kinder hatten die zehnte Klasse mit guten Zeugnissen abgeschlossen, doch als Kinder einer christlichen Familie bekamen sie keinen Platz auf der EOS, der »Erweiterten Oberschule«. Daher wichen sie auf weniger ideologisch belastete Wege aus: Die Tochter lernte MTA, besuchte gleichzeitig einen Kurs auf der Volkshochschule und machte dort ihr Abitur, was damals noch ging. Ihr jüngerer Bruder absolvierte einen dreijährigen Kurs »Berufsausbildung mit Abitur«, der mit einer Lehre zum Starkstrom-Elektriker verbunden war. Unser zweiter Sohn ging ebenfalls über die Berufsausbildung zum Abitur, bei ihm verbunden mit der Lehre als Gleisbauer.

Die Söhne mussten dann ihre Armeezeit ableisten, beim älteren Sohn war das der normale Dienst mit der Waffe, der Jüngere wurde »Spatensoldat«. Meine Frau Angela hatte nach der Frühzeit der Kinder ihre Berufstätigkeit wieder aufgenommen und arbeitete als Sekretärin bei der »Ingenieurschule für Bauwesen und Ingenieurpädagogik«. Und ich war weiterhin als kirchlicher Angestellter Lehrer am »Norbertuswerk«.

Kilometerstein 1989 (a): Revolution

Im weiten zeitlichen Vorfeld hatte es ja schon revolutionäre Bewegungen und Aufstände gegeben – beginnend mit dem 17. Juni 1953 in der DDR, dann in Ungarn 1956 und in der Tschechoslowakei 1968. Allesamt wurden sie – gemäß der sogenannten Breschnew-Doktrin – durch die Sowjetunion blutig niedergeschlagen.

Doch nachdem in den achtziger Jahren ein neuer Mann namens Michail Gorbatschow die Führung im Kreml übernommen hatte, startete er unter den Begriffen »Glasnost« (Durchschaubarkeit, Offenheit) und »Perestroika« (Umbau) weitreichende Reformen. Die DDR-Führung setzte sich scharf davon ab mit dem Satz: »Wenn mein Nachbar seine Wohnung tapeziert, dann muss ich ihm das ja nicht gleichtun.« Unter der nun quasi milderen Führung der Sowjetunion gründeten polnische Hafenarbeiter Anfang der achtziger Jahre die Gewerkschaft »Solidarność«, übrigens im Geiste unterstützt durch den neuen polnischen Papst Johannes Paul II.

In den evangelischen Kirchen der DDR gab es schon lange Zeit Friedensgebete, die dann jedoch zunehmend von Ausreisewilligen wahrgenommen wurden. Diese Gebete fanden auch schon mehrere Jahre im Magdeburger Dom am Barlach-Mahnmal statt, natürlich scharf beobachtet von der Staatssicherheit. Meine Frau traf an einem solchen Abend auch mal den Sicherheitsbeauftragten ihrer Schule. Sie begrüßten sich sogar, und meine Frau fragte: »Sie hier?« Seine Antwort: »Ach, ich wollte mir immer schon mal den Dom anschauen.« Dabei war es dunkle Nacht!

Zwischenzeitlich hatte während mehrerer Tagungen in Dresden und Magdeburg die »Ökumenische Versammlung für Frieden, Gerechtigkeit und Bewahrung der Schöpfung« stattgefunden. Dies ging auf eine Initiative der evangelischen Kirche zurück, später war die katholische Kirche hinzugekommen.

Im Spätsommer 1989 wandelten sich die Friedensgebete im Magdeburger Dom dann in »Gebete zur gesellschaftlichen Erneuerung«. Und die Zahl der Teilnehmer wuchs von Woche zu Woche. Ähnlich lief es in Leipzigs Nicolaikirche. Dort nahm unser Sohn ebenfalls teil. Die Bewegung steigerte sich und begann auch in vielen anderen Städten. Aus dem Start in den Kirchen gingen erste Demonstrationen hervor.

Das verstärkte sich am Wochenende des 7./8. Oktobers 1989 – am 7. Oktober wollte die Staatsführung außerdem den 40. Jahrestag der DDR feiern. Gegen die Demonstration, die am Montag, dem 9. Oktober in Leipzig stattfinden sollte, hatte die DDR eine riesige Drohkulisse aufgebaut: Am Stadtrand stand ein Heer aus

Polizei, Armee und Kampfgruppen. Es gab Notfallpläne für die Kliniken, dazu Blutkonserven und geplante Hilfslazarette. In der Leipziger Volkszeitung schrieb der Kommandeur einer Kampfgruppe: »Wir sind bereit und Willens, das von uns mit unserer Hände Arbeit Geschaffene wirksam zu schützen, um diese konterrevolutionären Aktionen zu unterbinden, wenn es sein muss mit der Waffe in der Hand.« Unser Sohn hatte vergeblich versucht, diesen Kommandeur zu erreichen. Wahrscheinlich gab es ihn gar nicht. Am Samstag besuchte ich unseren Sohn in Leipzig und bat ihn, nicht an der Montagsdemo teilzunehmen. Wir sprachen nur wenig, dann verabschiedeten wir uns. Mein schrecklicher Gedanke: »Vielleicht habe ich ihn zum letzten Mal gesehen.«

An jenem besagten Montag machte das Kollegium des Norbertuswerks einen schon lange geplanten Ausflug nach Schirgiswalde in ein kirchliches Heim. Der Abend verlief recht seltsam – außer meiner Frau und mir waren alle lustig. Ein Kollege hatte sein Akkordeon mitgebracht, es wurde gesungen. Wir beide aber dachten an Leipzig. Endlich, um 21 Uhr kam der Anruf unseres Sohnes: »Alles gut! Demonstration friedlich verlaufen.« Uns war klar: »Das ist der Durchbruch.« Eberhard Tiefensee, der Leipziger Studentenpfarrer, sagte an diesem Abend: »Ein Engel hat über der Stadt gewacht.«

Später kann man in einem Bericht der Staatssicherheit lesen: »Da die Demonstration gewaltfrei verlief, mussten die vorgesehenen Mittel nicht eingesetzt werden.« Und ein SED-Oberer äußerte: »Wir waren auf alles vorbereitet, nur nicht auf Kerzen und Gebete.«

Die DDR-Führung hatte nicht erkannt, dass dies eine Revolution war. Wahrscheinlich gehörten für sie Bilder

wie bei der Französischen Revolution dazu, also mit Bar-
rikaden, Blut und Pulverdampf. Die Bezeichnung »Fried-
liche Revolution« hat sich auch nur teilweise durchge-
setzt. Meist nennt man das Geschehen im Herbst ´89
nur kurz »Wende«.

Kilometerstein 1989 (b): Montags im Dom

Es war ja die eigenartige Besonderheit dieser »friedlichen Revolution« im Herbst 1989, dass sie nur montags stattfand. Die übrige Woche verlief in ihrem ganz normalen Alltagsgeschehen, und erst am späten Montagnachmittag kamen etwa 6.000 Einwohner Magdeburgs in den Dom. Frau Pastorin Waltraut Zachhuber eröffnete das »Gebet für gesellschaftliche Erneuerung« mit einem Satz aus dem Epheserbrief: »Wach auf vom Schlaf und steh auf von den Toten!« Dann folgten Texte und Berichte von Teilnehmern an den offenen Mikrofonen.

Im Magdeburger Dom

Domprediger Giselher Quast begleitete mit der Gitarre Lieder zum Mutmachen für uns hier im Dom und für die Menschen unseres Landes. Wer singt, verliert seine Angst. Für die Arbeiter aus den Magdeburger Großbetrieben war der Dom nicht Kirche, sondern einfach nur geschützter Raum.

Dann ging es – mit Kerzen in der Hand – zur Paradiespforte hinaus zur Demonstration. Domprediger Quast hatte vorher noch streng darauf hingewiesen: »Keine Gewalt! Keine Provokation!« Und dann machten wir uns mit doch etwas beklommenem Herzen auf den Weg, die Kerze in der Hand. Aber das wandelte sich von Montag zu Montag, sodass die anfängliche Angst schwand und sich allmählich – zum eigenen Verwundern – der aufrechte Gang einstellte und schließlich sogar im Heiteren mündete.

Meine Frau mit einer Kerze in der Hand

Meine Kamera hatte ich zwar dabei, nahm sie aber bei Aufnahmen nicht ans Auge. Sie hing lediglich am Riemen über der Schulter, der kleine Finger auf dem Auslöser. Gezielt habe ich mit dem ganzen Körper und sagte dann leise zu meiner Frau: »Huste mal!« In diesem Moment drückte ich ab. Dabei ging der ziemlich laute Spiegelschlag in ihrem Husten unter. Fotografieren war nach wie vor gefährlich: Mein Nebenmann konnte ja von der Staatssicherheit sein oder mich für einen solchen halten.

Den Film verarbeitete ich anschließend in meiner eigenen kleinen Dunkelkammer. Vorher hatte ich schon durch besondere Entwicklungsverfahren ausprobiert, wie man aus einem total unterbelichteten Film – schließlich war ja Nacht und kein Blitz möglich – doch noch ein Bild gewinnen konnte. Der historischen Bedeutung der Situation waren meine Frau und ich uns bewusst.

Nach der großen Befreiung zitierten wir jenen Psalm 126, wie ihn das Volk Israel am Ende der Babylonischen Gefangenschaft empfunden hatte: »Als der Herr das Los der Gefangenschaft Sions wendete, da waren wir alle wie Träumende. Da war unser Mund voller Lachen und unsere Zunge voll Jubel. Da sagte man unter den Völkern: Der Herr hat Großes an ihnen getan.«

Besonders dieses »wie Träumende« empfanden wir ganz stark, denn dass sich da eine Weltmacht ohne einen Schuss verabschiedet hatte – ein unvorstellbares Geschehen!

Kilometerstein: Theologiekurs

Vor und nach der Wende war ich, wie schon erwähnt, Teilnehmer des Theologiekurses bei Martin Fritz. Dieser alte Priester mit seiner modernen Theologie hat mich in meinen Glaubenssichten nachhaltig beeinflusst. Durch ihn konnte ich das quasi alt-katholische Denken in mir verabschieden. Da lag mir ja manches aus der Vergangenheit schwer auf der Seele.

Ich entsinne mich, dass einmal am Abend eines Akademikerkreises nach heißer Diskussion ein anwesender Weihbischof den Rat gab: »Meine Damen und Herren! Denken Sie nicht so viel! Dann kommen Sie nicht in Glaubensschwierigkeiten!« Man bilde nur den Umkehrschluss: »Wer denkt, kommt in Glaubensschwierigkeiten.« Dies war nichts anderes als der Aufruf zur geistigen Kapitulation.

Ähnlich äußerte sich in einem Nebensatz der Entertainer Thomas Gottschalk, in seiner Jugend selbst Messdiener gewesen, als er meinte: »Im Katholischen ist eine gewisse Naivität durchaus förderlich.« Oder – wie mir meine Mutter mal riet: »Wenn ein Zweifel kommen will: Schnell weg-denken!«

Und wie erlösend war dagegen der Kurs bei Martin Fritz! Hier durfte gedacht werden. Rat Fritz beanspruchte für sich und uns die Freiheit des eigenen Denkens. Ein Beispiel dazu: Nach der Wende hatten wir Lehrbriefe aus Stuttgart zur Verfügung. Während einer Diskussion sagte dann ein Teilnehmer: »Hier im Lehrbrief steht aber etwas ganz anderes!«, worauf Martin Fritz antwortete: »Welche Autorität geben Sie denn diesen Lehrbriefen?«

Kilometerstein: Gottes Auge

An vielen Stellen in Kirchen findet man es, jenes Dreieck mit dem eingezeichneten Auge, meist an Orgelprospekten oder Hochaltären. Dann fällt einem sogleich der Spruch ein: »Ein Auge ist, das alles sieht, auch was in finstrer Nacht geschieht.«

Dies kann man nun in zweierlei Hinsicht auffassen: Nimmt man es wohlwollend-positiv, dann kann man denken: Gott schaut mich liebevoll an, begleitet mich auf all meinen Wegen und ist mir Hilfe und Schutz. Es geht aber auch anders: Das Auge eines allgegenwärtigen Polizisten verfolgt und beobachtet mich argwöhnisch, ähnlich wie der »große Bruder« in Orwells »1984«. Und auch da sieht jenes Auge eben alles, was in finstrer Nacht geschieht.

In der Kirchengeschichte wurde über Jahrhunderte hinweg leider in der zweiten Richtung gedacht: Das Auge stand für Bedrohung, die tiefe Angst erzeugte und – so ganz nebenbei – zur Disziplinierung des Kirchenvolkes beitrug. Verstärkt wurde dies durch Darstellungen von Gericht und Hölle in manchem Tympanon französischer Kathedralen bis hin zur Stirnwand der Sixtinischen Kapelle. Auch der »Pantokrator« in vielen Apsiden schaut streng drein. Hinter allem stand ein furchterregendes Gottesbild. Die Menschen hatten Angst vor Gott, und das war schlimm. Nichts kam durch vom Gedanken, dass uns in Jesus Christus die Güte und Menschenfreundlichkeit unseres Gottes erschienen ist.

Könige und Kaiser ließen sich Dome errichten, um dadurch zu einer Grablege zu kommen – nahe am Altar, damit dort Fürbitte für ihre Seele gehalten werden sollte.

Gottes Auge

Das haben wir inzwischen hinter uns und könnten es vergessen. Aber mit dem Konzilsgedanken von der Kirche als wanderndem Gottesvolk können wir sagen: Wir sind auch durch dunkle Wegabschnitte gewandert, bedauern dies, lassen sie nun aber hinter uns, um uns mit Gottvertrauen neuen Wegen zuzuwenden.

Kilometerstein: Kaiser Konstantin

Einerseits könnte man sagen, dass das Christentum siegt und zur Staatsreligion wird, als der römische Kaiser Konstantin im Jahre 313 durch ein Edikt die Verfolgung der Kirche beendet. Andererseits schwingt aber auch Tragik mit, denn aus der frohen Botschaft Jesu und der Gemeinschaft des bescheidenen und liebevollen Wanderpredigers aus Israel wird nun ein Weltreich mit allen üblichen Begleiterscheinungen.

Konstantin war der Ansicht, dass eine ordentliche Religion auch ordentliche Priester brauchte, so wie er das von anderen Religionen kannte. Außerdem wurden Verwaltungsstrukturen nötig, denn nun strömten ja Menschenmassen in die Kirche. Beides ließ sich verwirklichen, indem man die Strukturen des römischen Reichs zum Muster nahm und dies mit der Schaffung eines Klerus aus geweihten Priestern verband. Auch wenn die historischen Forschungen zu dieser kirchlichen Wende noch nicht abgeschlossen sind, so lässt sich doch schon sagen, dass durch den Impuls Kaiser Konstantins die Kirche ihre Form und Lebensweise annahm, wie wir sie – besonders in der katholischen Kirche – heute vorfinden.

Damit waren folgende Änderungen verbunden: Die von Jesus an kleine Gruppen gerichteten Worte, wie etwa seine Worte über Brot und Wein im Abendmahlssaal, waren ursprünglich doch wohl an alle Jüngerinnen und Jünger gerichtet. Doch nun bezog man sie auf eine besondere Gruppe und bevollmächtigte diese nicht nur zu ihrem Dienst, sondern heiligte sie durch eine sakrale Weihe. Dadurch wurde die Gruppe der Priester weit aus der Gemeinschaft der Gläubigen herausgehoben und es entstanden die beiden Stände – einer, der führt und lehrt sowie ein anderer, der hört und folgt.

Im Lied heißt das: »… ich will die Kirche hören. Sie soll mich allzeit gläubig sehen und folgsam ihren Lehren.« Dabei wurde auch gleich noch die aus dem Tierreich überkommene männliche Dominanz realisiert. Auf die Frage, wie viele Sakramente es in der katholischen Kirche gibt, wäre also zu antworten: »Für Männer sieben, für Frauen nur sechs.«

Wie aber ist künftig zu verfahren? Ich bin nicht dafür, Frauen in den existierenden Klerus hinein zu weihen (allenfalls als Übergangslösung). Vielmehr sollten sakrale Weihen ganz unterlassen werden. Schließlich wird doch schon im Taufritus zum Priester, Lehrer und Propheten geweiht.

Die Sakralisierung von Menschen führte maßgeblich zur Vertuschung von Missbrauch. Hätte sich ein Kind seinen Eltern offenbart, dann hätte es vielleicht die Antwort erhalten: »Du lügst! Unser Herr Pfarrer ist ein heiliger Mann, der tut so etwas nicht!«

Kilometerstein: Das Häuptlingsprinzip

Da zogen einst die Gruppen der frühen Menschheit als
Jäger und Sammler durch eine Umwelt, die teils gute Le-
bensmöglichkeiten bot, aber auch mit Gefahren drohte.
Aus diesem Grund war es wichtig, dass es eine Führungs-
persönlichkeit gab, die klug und verantwortungsvoll, jedoch auch kämpferisch die Rolle eines Häuptlings übernahm. So war es gut, überlebenswichtig und darum auch
förderlich für die weitere Entwicklung der Menschheit.
Schließlich gilt bis heute, dass jegliches Unternehmen
Führung braucht. Wahrscheinlich ist diese Grundstruk-
tur von Führung und Machtausübung auch genetisch
in unserem Erbgut verankert und besitzt daher hohe
Stabilität. Außerdem spielt dabei auch die männliche
Dominanz eine wichtige Rolle, denn körperliche Kraft
und Durchsetzungsfähigkeit sind ja für die Ausübung
von Führung ebenfalls nötig. Häuptlinge sind also meist
Männer.

Dieses Prinzip bietet mehrere Vorteile: Der Häuptling
hat seine Freude an der Machtausübung und kann damit
sein Geltungsbedürfnis befriedigen, muss aber als Preis
dafür auch den Stress in Kauf nehmen, den Führungs-
verantwortung mit sich bringt. Die übrigen Mitglieder
der Gruppe bilden die Gefolgschaft. Sie freuen sich
ebenfalls, haben sie doch die Verantwortung, allerdings
jedoch auch einen Teil ihrer persönlichen Freiheit an den
Häuptling abgegeben. Daher sind sie entlastet und arbeiten – je nach den Fähigkeiten des Einzelnen – entspannt
mit, aber doch in dem guten Gefühl, an den Aufgaben
zum Wohl der Gruppe beteiligt zu sein.

So lief das in den meist relativ kleinen Gruppen der frühen Menschheit. Wissenschaftler schätzen die Gruppengröße auf etwa siebzig Personen.

Inzwischen hat jedoch eine gewaltige quantitative Entwicklung stattgefunden – die Menschheit ist auf viele Milliarden angewachsen. Das Häuptlingsprinzip aber gilt weiter, und auch unser Gehirn hat sich seit der Steinzeit wenig verändert. Nun birgt das Häuptlingsprinzip auch eine lauernde Gefahr zur Eskalation bis hin zu oft furchtbarer Gewaltherrschaft. Solche schlimmen Entwicklungen starten meist damit, dass geschickte und machthungrige Propagandisten das Häuptlingsprinzip für sich einfordern, denn es steht ja jederzeit und sofort zur Verfügung: »Führer befiehl! Wir folgen dir!« Besonders in Zeiten großer Unsicherheit und Bedrohung erscheint der Ruf nach dem starken Mann sehr verführerisch.

Die Demokratie dagegen hat wohl keine genetische Grundlage. Sie ist anstrengender, denn sie verlangt Einsatz und Mühe vieler, während das Häuptlingsprinzip – wesentlich bequemer für die Masse – oft zum Selbstläufer wird. Dass die katholische Kirche dem Häuptlingsprinzip sehr nahe ist, sei nur am Rande vermerkt.

Kilometerstein 1990 (a): Nachwendezeit

Dieser Phase könnte man die Überschrift geben: »Wenigstens die Jahreszeiten finden noch statt.« Denn nachdem der politische Rahmen geklärt war, geschah in der ehemaligen DDR ein Umbruch, den man sich kaum vorstellen kann: Von den Lebensumständen der Menschen blieb faktisch kein Stein auf dem anderen. Während sich in Westdeutschland nichts änderte – aber schon die Umstellung auf die nun fünfstelligen Postleitzahlen dort Unmut erregte –, änderte sich im Osten faktisch alles: Arbeitsplätze fielen weg, Betriebe, Geschäfte und Gaststätten gingen ein. Eigentumsverhältnisse änderten sich, begleitet vom Satz: »Sie hören von meinem Anwalt!« Rechtsgrundlagen änderten sich ebenfalls, genauso wie Verwaltung und Handel. Polikliniken wurden abgeschafft und auch jene Ingenieurschule, an der meine Frau gearbeitet hatte. Dadurch wurde sie nun arbeitslos, denn Schulen dieser Art gab es in der Bundesrepublik nicht. Es war »die Zeit der abgeschraubten Schilder«.

Der Mensch aber braucht – um sich halbwegs wohlzufühlen – einen gewissen festen Rahmen, auf den er sich verlassen kann. Jetzt aber wankte alles. Das Lernen all dieser neuen Bedingungen lief auf eine permanente Überforderung hinaus. Wegen des hohen Tempos der umfassenden Veränderungen schlug das Empfinden von kurzer Freude ganz schroff und schnell in eine tiefe Enttäuschung um. Das führte zu einer seelischen Verletzung bei vielen ostdeutschen Menschen, die zum Teil bis heute wirkt, die man aber von westdeutscher Seite her nicht erkannte.

Manche sagten später: »Alles lief viel zu schnell.« Als Begründung hörte man dann: Es ging nicht anders, denn das historische Fenster zum Vollzug der deutschen Einheit war wohl so schmal, dass man schnell handeln musste. Auch Überlegungen, erst nach einer gewissen Zeit der Föderation eine neue gemeinsame Verfassung zu erarbeiten, die dann die vollständige Einheit nach sich ziehen würde, zerschlugen sich. Es ging nur über den schnellen Beitritt nach Artikel 23 des Grundgesetzes.

Was aber geschah dann? Tausende von Menschen wurden arbeitslos, bei uns in Magdeburg waren es auf einen Schlag 30.000. Die Großbetriebe des Schwermaschinenbaus brachen komplett zusammen und fast alle Betriebe wurden »abgewickelt«. Dabei spielte die Organisation »Treuhand« eine entscheidende Rolle, indem sie das Prinzip der Privatisierung der ehemals »volkseigenen Betriebe« ganz strikt durchführte. Nur wenige Betriebe entgingen diesem Schicksal, dann nämlich, wenn es klugen Leitern gelang, mit Hilfe westdeutscher Freunde rechtzeitig den juristischen Rahmen zu schaffen, um den Betrieb zu retten und weiterzuführen. Verschärfend wirkte dazu noch, dass gleichzeitig die Sowjetunion zusammenbrach, die vorher das Hauptabsatzgebiet der DDR-Industrie gewesen war.

Und die allerletzte Ursache der ganzen Problematik war schließlich Hitlers Krieg, der die Zoneneinteilung Deutschlands brachte, bei der Ostdeutschland das schlechte Los der sowjetischen Besatzung zog.

Kilometerstein 1990 (b): Das Kolleg

Wie aber ging es mit dem Norbertuswerk weiter? Dem damaligen Rektor Hans-Joachim Marchio wurde sofort klar, dass es in einem vereinigten Deutschland für werdende Priester viele Möglichkeiten der Ausbildung gab. Da brauchte man diese, aus der Not geborene Schule in Magdeburg nicht mehr. Als agiler Mensch und Organisator hatte er allerdings die Idee, das Haus in ein Kolleg umzuwandeln, also in eine »Schule des Zweiten Bildungsweges«, an der junge Leute mit abgeschlossener Berufsausbildung in einem dreijährigen Kurs das Abitur erwerben konnten. Marchio, schon immer ein lebhafter Mensch, lief zur Höchstform auf, telefonierte und raste mit dem Auto los.

Hans-Joachim Marchio

Als Erstes erreichte er – noch von der letzten, nun aber frei gewählten DDR-Regierung – die staatliche Anerkennung seiner Schule und der an dieser Schule erworbenen Abiture. Für kurze Zeit saß er auch mal an jenem Schreibtisch im Berliner Ministerium für Volksbildung, wo vorher Ministerin Margot Honecker gesessen hatte. Kurz nach der Wende regte er außerdem das gesamte Schulprogramm in Sachsen-Anhalt an mit den neuen Gymnasien in Magdeburg, Halle und Dessau.

Dann gewann Marchio – über kirchliche Kanäle – Freunde und Berater in der Bundesrepublik, die bei der Umwandlung des Norbertuswerks in das Kolleg Norbertinum halfen. So konnte im Herbst 1990 schließlich das Kolleg starten. Reklame betrieben wir selbst oder über die Presse.

Vorher hatten wir ja Priesteramtskandidaten gehabt, also eine rein männliche und katholische Schülerschaft. Jetzt aber wurde das Bild vielfältig: Frauen und Männer, evangelische und katholische Christen, sowie – entsprechend der DDR-Bevölkerung – eben auch Menschen ohne Konfession. Einige wenige Priesteramtskandidaten gab es allerdings auch weiterhin, und es war doch ein ungewohnter Anblick, wenn ein solcher neben einer jungen Frau saß.

Da wir einen neuen Stempel als Dienstsiegel brauchten, lief ich los in eine Stempelwerkstatt. Vorher hatte ich einen Entwurf gemacht – einfach nur das Magdeburger Stadtwappen, kombiniert mit einem großen »N« für den heiligen Norbert. Ich wusste nur, dass ein Dienstsiegel eine doppelte Randlinie haben muss. Davon, dass man so etwas feierlich beim Ministerium zu beantragen hatte, wusste ich nichts, der Stempelmann auch nicht. Mit diesem Stempel arbeiteten wir nun neun Jahre. Es war damals eben eine Zeit, in der das eine Beamten-Heer abgezogen und das neue noch nicht so richtig angekommen war. Nichts war verboten und nichts erlaubt. Dieser Wildwuchs gab auch Möglichkeiten. Das neue schulische Leben am Kolleg – nun in voller Menschheit – war lebhaft und bunt. So konnten jetzt beispielsweise weibliche Rollen in Theaterstücken mit echten Frauen besetzt werden. Vorher, bei einer rein männlichen Schülerschaft, wurden zwar auch weibliche Rollen gespielt, doch da kam es dann doch schon mal zu Heiterkeit.

Nach neun Jahren schloss unser Bistum das Kolleg. Jüngere Kolleginnen und Kollegen gingen zum inzwischen gegründeten Norbertus-Gymnasium. Ich hatte gerade das Alter für den Ruhestand.

Für diese Zeit nach der Wende bin ich sehr dankbar. Es gab viele interessante Gespräche, besonders mit den Nichtchristen. So einiges an Missverständnissen und Vorurteilen bezüglich der Kirche konnte geklärt werden.

Mein Blick auf die Kirche ist kritischer geworden – glücklicherweise erst jetzt, denn sonst hätte ich meine Arbeit als kirchlicher Angestellter nicht so unbelastet leisten können, wie ich es 39 Jahre lang tat.

Nun aber häufen sich die Fragen, besonders die, warum in jüngster Zeit hunderttausende Gläubige die Kirche verlassen. Das hat wahrscheinlich wenig zu tun mit Theologie oder Strukturfragen. Vielmehr haben die Leute erkannt, dass ihnen diese Kirche im praktischen Leben nichts nützt. Doch der Blick in die Zukunft muss nicht dunkel sein. Denn es ist offenkundig, dass der Impuls Jesu in der Menschheit durchaus angekommen ist und inzwischen auch in der ganz normalen Bürgergesellschaft mit Ärzten, Krankenhäusern, Schulen, Kindergärten und Altenheimen Gehör findet. Und dort, wo Kirche auf diesen Feldern aktiv ist, da ist sie anerkannt und wird auch gern genutzt. Aber passiv einer sakralen Handlung beizuwohnen, das wird nicht mehr als sinnvoll angesehen. Zusätzlich dazu hat die Corona-Pandemie gewirkt, weil die Menschen in dieser Zeit gemerkt haben: Eigentlich fehlt nichts, wenn ich nicht zum Gottesdienst gehe.

In diesem Zusammenhang lässt sich an Jesu Gleichnis vom barmherzigen Samariter denken: Der Samariter denkt bei seinem Handeln nicht an religiöse Motive, da er aus liebevoller menschlicher Hilfsbereitschaft handelt. Der Priester und der Levit dagegen – sie müssen ja rechtzeitig beim Tempel sein – setzen das Religiöse und Sakrale an die erste Stelle: Obwohl sie den Verletzten sehen, helfen sie ihm nicht. Welche Position Jesus bezieht, ist doch wohl deutlich.

Und schließlich ist Jesu Botschaft auf einem noch ganz anderen Gebiet angekommen, nämlich in der Musikszene, denn wenn Mary Roos bei der Eurovision sang: »Nur die Liebe lässt uns leben…«, dann denkt sie doch genau im Sinne des 1. Korintherbriefs mit dem Hohelied der Liebe. Auch Udo Lindenbergs »Hinterm Horizont geht´s weiter« ist ein weltlich ausgedrücktes Zeugnis der Auferstehung.

Ich bin Gott dankbar für mein Leben. Nun bleibt das letzte Stück des Weges, hoffentlich noch lange gemeinsam mit meiner Frau. Unsere Familie ist groß geworden und reicht nun bis zur Generation der Urenkel. Auch hierfür danke ich dem himmlischen Vater und wünsche ihnen allen einen guten weiteren Weg unter Gottes Begleitung.

Sorgen gibt es leider in reichem Maße: Der Krieg Putins gegen die Ukraine, der Krieg Israels gegen die Terrororganisation Hamas im Gazastreifen und weitere Konflikte an vielen Stellen der Welt, dazu die immer bedrohlicher werdende Klima-Katastrophe. Es bleibt nur zu hoffen, dass doch noch Vernunft in die Köpfe der Verantwortlichen einkehrt, und dafür bitte ich um Gottes Hilfe.

Ich selbst aber gehe mit Vertrauen den Weg hin zu jener Tür, hinter der es hell ist.

Kilometerstein: Erbsünde

Gestützt auf die ersten Seiten der Bibel, besonders auf das dritte Kapitel des Buches Genesis, weitergeführt von Paulus im Römerbrief und schließlich vollendet durch den Kirchenlehrer Augustinus, wird von der Kirche behauptet, jeder Mensch stehe in einer Ursünde, die beim Geschlechtsverkehr weitergegeben werde. Erst durch den Kreuzestod Jesu werde man davon erlöst. Diese Erlösung komme – vermittelt durch die Kirche – dem Menschen nur durch die Taufe zu. Soweit in Kurzform das grundlegende Narrativ, wie man heute eine wichtige Erzählung nennt. Noch 1970 ließ Bischof Johannes Braun vor dem Westportal der Kirche St. Sebastian in Magdeburg die unten abgebildete Paradiesszene schaffen. Allerdings sagte er dem Künstler Jürgen Suberg: »Machen Sie die Eva aber nicht zu sexy!« Nun – hat er sich daran gehalten?

Während des größten Teils meines Lebens akzeptierte ich diese Aussage – jetzt, in meinem hohen Alter aber nicht mehr. Was hat dazu geführt? Zunächst sind es die naturwissenschaftlichen Kenntnisse, die ich im Laufe meines Lebens erworben habe. Diese erweisen die frühen Kapitel der Bibel als reine Mythen. Es gab weder ein Paradies noch ein erstes Paar namens »Adam und Eva«. Wer sollte das auch gewesen sein bei der Vielfalt von Menschentypen im Laufe der Evolution? Waren es Neandertaler oder vielleicht schon der Homo erectus? Außerdem gehen die Bibeltexte von einem Monotheismus aus, also von einem Ein-Gott-Glauben, der aber erst recht spät auftrat.

Vielmehr ist es doch so, dass sich auf diesem Planeten, wie ich bereits an anderer Stelle beschrieben habe, in einem nun schon 3,5 Milliarden Jahre währenden Prozess die Lebewesen von den Einzellern bis zu uns entwickelt haben – vorangetrieben durch das Wechselspiel von Mutation und Auswahl. Begleitet wurde dies von jener geheimnisvollen inneren Dimension, die die materiellen Teilchen besitzen und die den Lebewesen aufsteigend bis zu uns Menschen innere Erlebnisse ermöglichen und uns den Eindruck vermitteln, dass wir wie ein Jemand in unserem Körper wohnen.

Dass man diesen ganzen Prozess – einschließlich der schon vorgelagerten kosmischen Evolution – als Schöpfung durch eine höhere Macht bezeichnen kann, halte ich durchaus für möglich. Ein Bezeichnen bedeutet aber keineswegs ein Begreifen, denn all dies übersteigt unser Vorstellungsvermögen bei Weitem. Da gilt – biblisch ausgedrückt – das Wort des Propheten Jesaja: »So hoch der Himmel über der Erde, so hoch sind meine Gedanken

über euern Gedanken und meine Wege über euern We-
gen, spricht der Herr.« Die höhere Macht kann auch das
Persönliche enthalten, sodass Jesu Anrede »Abba, lieber
Vater« berechtigt ist, wie er auch uns anregt, im Gebet in
Beziehung zu Gott zu treten: »Unser Vater im Himmel«.

Für diesen großen geistigen Bogen ist jedoch keine
Erbsünde nötig. Da hat mir der theologische Kurs bei
Martin Fritz den entscheidenden Impuls gegeben, nämlich durch den Hinweis, dass die Autoren des Buches Genesis statisch dachten und nicht evolutiv. Diese Autoren
meinten – im Blick auf die Unbilden des menschlichen
Lebens und den Tod –, dass da ganz im Anfang etwas
schiefgelaufen sein müsse, und aus diesem Gedanken heraus entwickelten sie ihren Text.

Wie aber ging die Kirche damit um? Im Anschluss an
die Wende unter Kaiser Konstantin sah man die Erbsün-
denlehre als eine Grundlage weiterer Kirchenentwicklung
an und hält deshalb bis heute mit großer Hartnäckigkeit
sowie vielen Umdeutungen daran fest. Denn die Erbsünde ist ja auch der Ansatzpunkt für die Erlösungslehre
und durchsetzt viele Liturgie- und Liedtexte bis hin zum
»Exsultet«, wo ja die »glückselige Schuld« des Adam ge-
lobt wird, weil sie »einen solchen Erlöser gefunden hat«.

Wie die Kirche künftig mit dieser These umgehen
will, bleibt offen. Zu Jesu Botschaft gehört sie jedenfalls
nicht und auch nicht zu seinem Bild vom Vater.

Eine häufige Darstellung der Dreifaltigkeit ist oder war so, wie man in der alten katholischen Kirche die Dreifaltigkeit Gottes ausdrückte, beispielsweise in dem Lied: »Der Vater schuf die Welt, der Sohn hat uns erlöset, der Geist uns auserwählt.« So zeigt es auch ein Relief im Eingangsbereich des Merseburger Doms:

Wobei dieses »erlöset« bedeutete, dass Jesus durch seinen Tod am Kreuz die Menschheit von der Schuld Adams erlöst hat. Und der Vater – hier grimmig dreinblickend – wollte als Sühne für die Sünden der Welt das Blut seines Sohnes sehen und hält deshalb das Kreuz in seinen Händen. Im Lied dazu: »O Menschenkind, bedenk das recht, wie Gottes Zorn die Sünde schlägt!«

Dieser ganze Gedankenbogen schien früheren Katholiken-Generationen das Selbstverständlichste von der Welt zu sein. Als ich dies einem Priester zeigte, sagte er: »Nun, das ist eine ganz normale Darstellung der Dreifaltigkeit«. Erst auf meinen Einwand zur Art wurde er nachdenklich. Schließlich gibt es in der Heiligen Messe die dreimalige Anrufung »O du Lamm Gottes, das du hinwegnimmst die Sünden der Welt.« Und in den Einsetzungsworten – nach Matthäus – heißt es: »… mein Blut, das vergossen wird für euch und für alle zur Vergebung der Sünden«.

Hier kombinieren sich zwei Gedanken: Zum einen die feste Überzeugung, dass es die Erbsünde überhaupt gibt, von der erlöst werden muss, und zum anderen, dass es der Hauptzweck für das Kommen Jesu ist, am Kreuz zu sterben als Genugtuung und Opfer für Adams Sünde sowie für alle weiteren Sünden der Welt. Damit wird gleichzeitig ein Impuls zur Disziplinierung gegeben – im Lied heißt es dazu: »Denn ich hab das verschuldet, was du getragen hast.« Ziel ist, dass die Gläubigen sich schuldig fühlen. Der Klerus begründet damit zugleich seine Unentbehrlichkeit, denn nur er kann ja von der Sünde befreien.

Und ein dritter Gedanke steht bei diesem »Gnadenstuhl« im Hintergrund, nämlich ein Gottesbild, das Furcht einflößt.

All diesen psychischen Druck lassen sich die Menschen nun nicht mehr gefallen und verlassen die Kirche. Jesu liebenswerte Botschaft aber ist nicht verloren, sondern inzwischen auf andere Weise in die Menschheit eingeflossen.

Kilometerstein: Vergebung

Wie funktioniert sie, die Vergebung? Was sagt uns die Botschaft Jesu? Welche Vergebungspraxis hat die Kirche im Laufe ihrer Geschichte entwickelt?

Eine Bitte im Vaterunser lautet: »Vergib uns unsere Schuld, wie auch wir vergeben unseren Schuldigern!« (im Urtext steht sogar »vergeben haben«). Das ist also eine Bitte an den Vater, verbunden mit unserer Bereitschaftserklärung, dass auch wir den Menschen verzeihen, die uns gekränkt oder geschädigt haben. Dies korrespondiert mit der Erzählung Jesu von jenem Knecht, dem große Schuld vergeben wurde, der aber selbst einem Mitknecht eine kleine Schuld nicht vergibt. Dazu auch der Satz: »Wer von euch ohne Sünde ist, der werfe den ersten Stein!«

Dieses Ringen um Barmherzigkeit ist wohl das große und zentrale Anliegen Jesu. Wir Menschen bleiben leider meist hinter seinem Wunsch zurück. Das ist ja auch psychisch schwierig, denn wir sind anders programmiert. Außerdem können wir – selbst nach einer Vergebung – eben nicht vergessen, dass wir von jenem Menschen gekränkt worden sind. Unser Gehirn ist leider so gebaut, dass sich unsere persönliche »Datei« nicht löschen lässt.

Dazu eine kleine Begebenheit, die ich schon in einem anderen Zusammenhang erwähnt habe: Bei einer Diskussion unter Wissenschaftlern ging es um die Frage, ob es denn ein Zwischenglied – ein sogenanntes »missing link« – zwischen Tier und Mensch gebe. Da antwortete der Forscher Konrad Lorenz: »Doch, das gibt es: Das sind wir!«

Daran lässt sich anknüpfen: Gott kommt in Jesus auf die Menschheit zu, um sie – über ihre natürlichen Verhaltensmuster hinaus – auf eine höhere Stufe zu heben. Aber was hat die Kirche daraus gemacht? Wohl zu der Zeit, als Kaiser Konstantin die Verfolgung der Kirche beendete und es »aus den Katakomben in die Kathedralen« ging, da übernahm man – was zunächst historisch verständlich war – die nötigen Verwaltungsstrukturen aus dem Vorbild des Römischen Reiches, denn jedes Unternehmen braucht, wie gesagt, Führung.

Nun aber kam ein persönlicher Wunsch Konstantins hinzu: Eine ordentliche Religion benötigt ordentliche Priester. Während Jesus das Berufsbild »Priester« eher skeptisch sah (im Gleichnis vom barmherzigen Samariter wird über einen Priester gesagt: »er sah den Verletzten und ging vorüber«), nahm man nun einige Worte Jesu (»tut dies zu meinem Gedächtnis« und »denen ihr die Sünden nachlasst, denen sind sie nachgelassen«) und deutete sie als eine Weihe, die dann zu sakralen Handlungen bevollmächtigte.

Wohlbemerkt: Ich wende mich nicht gegen Führung an sich. Schließlich kam man in der frühen Kirche zum Brotbrechen in den Häusern zusammen, denen ein Hausvater oder eine Frau vorstanden – wie etwa eine Junia, die Paulus am Ende des Römerbriefes grüßt und deren Name zwischenzeitlich zu einem Junius geworden war, weil ja nicht sein kann, was nicht sein darf.

Ich wende mich lediglich gegen die Sakralisierung von Menschen durch Weihe und die damit verbundene Errichtung eines besonderen Standes, nämlich den des Klerus. Denn nur dieser sollte die Vollmacht haben, das Mahl Jesu zu feiern und Sünden zu vergeben.

Hinzu kam die Erfindung der »Erbsünde« durch Augustinus, wodurch sich nun ein zwar in sich geschlossener, aber doch verhängnisvoller Zusammenhang ergab, denn dadurch wurde gesetzt: Die ganze Menschheit ist vom Himmel ausgeschlossen, also verdammt. Nur der Klerus hat die Macht – besonders durch das Bußsakrament – davon zu erlösen. Es hing also für einen, der im Stande der »Todsünde« zu sterben und in die Hölle zu kommen drohte, davon ab, ob er noch rechtzeitig einen Priester erreichte. Auch der Tod ungetaufter Kinder rief bei den Eltern große seelische Not hervor.

Vergebung sollte natürlich direkt von Mensch zu Mensch geschehen, nicht in anonymer Form und faktisch als eine magische Handlung. So, wie es gegenwärtig von der katholischen Kirche praktiziert wird, hat Jesus es jedenfalls nicht gemeint.

Übrigens sind – zumindest beurteilt nach den Kirchengeboten – bereits viel mehr Menschen aus der Kirche ausgetreten als in der Statistik auftauchen. Denn die meisten deutschen Katholiken haben für sich doch schon seit langem das Gebot abgeschafft: »Die Gläubigen sind gehalten, wenigstens einmal im Jahr das Bußsakrament zu empfangen.«

Welche Bedeutung für Priester aber gerade das Bußsakrament hat, konnte ich erst kürzlich erleben. Ein relativ junger Priester kam von einem Jugendtreffen in Polen zurück und rief ganz begeistert aus: »Herrlich dort! Wie früher! Alle gingen zur Beichte!« Darin drückt sich nebenbei auch die Trauer um die Abnahme der priesterlichen Macht aus, wie sie vor allem in Ausübung der Beichte bestand.

Kilometerstein: Rassismus?

Während die Bezeichnung »Rassen« lange Zeit für Menschen mit unterschiedlichen äußeren Merkmalen verwendet wurde und sogar im deutschen Grundgesetz Erwähnung fand, setzte man vor relativ kurzer Zeit fest, dass es beim Menschen keine Rassen gibt. Die Bezeichnung »Rassen« kann man nur noch auf verschiedene Arten von Hunden, Katzen, Hühnern oder anderen Haustieren anwenden.

So jedenfalls wurde es beschlossen. Wie man nun aber die verschiedenen Menschengruppen mit einem einfachen, volkstümlichen Wort nennen soll, bleibt unklar. Da lässt man die Leute im Stich. Sollen es nun »Ethnien« sein? Inkonsequent ist auch, dass zwar die »Rassen« beim Menschen abgeschafft sind, »Rassismus« aber – laut Studien – weit verbreitet ist.

Es lässt sich nicht wegdiskutieren, dass man bei uns Menschen folgenden psychischen Mechanismus beobachten kann: Wenn uns ein Mensch mit anderer Hautfarbe begegnet, so spüren wir im ersten Augenblick ein kurzes Erschrecken, verbunden mit Misstrauen. Der zweite Augenblick sollte dann aber sein: »Das ist ein Mensch wie du und ich; er sieht nur etwas anders aus.« Gefährlich wird es, wenn die zweite Sekunde ausbleibt und aus der Begegnung Angst und Hass entstehen. Übrigens tritt ein ähnlicher Effekt auf, wenn behinderte oder entstellte Menschen zu sehen sind.

Weil die genetisch codierten Muster jederzeit aufgerufen werden können, nutzen dies rechte Strömungen zum Gewinn von Einfluss und Macht. Aus diesem Grund sind wir permanent gefährdet. Das zeigte sich zum Beispiel, als 2015 die Ankunft von Flüchtlingen von der Partei AfD ausgenutzt wurde und sie durch Erzeugung von Fremdenhass große Wahlerfolge errang. Besonders stark war die Wirkung in der ehemaligen DDR, weil man hier zum einen nicht an Ausländer gewöhnt war und zum anderen die psychischen Verletzungen durch den Wendeschock noch nicht geheilt waren. Deshalb wurden die Flüchtlinge als Gefahr empfunden.

Die Wurzel liegt im Tierreich, aus dem die Menschheit hervorging. Von dort haben wir nicht nur unseren Körperbau geerbt, sondern eine Fülle von Mentalitäten und Verhaltensmustern, die bis heute in unserem Erbgut verankert sind. Schon Tiere lehnen Fremdes ab. Kommt ein fremdes Tier an die Reviergrenze einer dort beheimateten Gruppe, so wird es weggebissen. Sogar Tiere des eigenen Stammes, die anders aussehen wie etwa Albinos, werden oft getötet. Kurz: Fremdes wird abgelehnt.

Dieses Verhalten mag früher evolutiv vorteilhaft gewesen sein. Heutzutage jedoch, beim Zusammentreffen verschiedener Kulturkreise, Lebensweisen, Religionen, Volksstämmen und Hautfarben, birgt das eine besondere Herausforderung. Nun sind Einsatz, Mühe und Verständnis nötig, damit diese große Begegnung halbwegs friedlich gelingt. Dass ein Krieg – wie der Überfall Russlands auf die Ukraine – in furchtbarer Weise diesem Anliegen schadet, dürfte klar sein.

Wichtig ist es, den Menschen diesen seelischen Mechanismus deutlich und volkstümlich zu erklären, außerdem Verständnis dafür zu zeigen, dass jemand bei der Begegnung mit fremden Menschen zunächst Misstrauen empfindet. Das ist ein natürliches Verhalten und wird auch so bleiben. Wer auf diese Weise reagiert, ist kein Rassist und muss sich deshalb auch nicht in die rechte Ecke gestellt fühlen. Wenn die Herkunft dieses Phänomens gut erklärt wird, kann das entkrampfend wirken.

Hier könnte übrigens auch eine Aufgabe der Kirche liegen, denn die Kirchenleute sind ja ebenso wenig gegen die Propaganda der AfD gefeit. Allerdings wird sich die Kirche mit dieser Thematik vermutlich schwertun, weil sie ihre saure Miene beim Thema »Evolution« weitgehend noch nicht verloren hat. Und wenn Verständnis für das zunächst abweisende innere Verhalten erreicht ist, so kann das gegenüber bösartiger faschistischer Werbung schützen. Die grundsätzliche Gefährdung allerdings bleibt bestehen, weil wir genetisch nun mal so codiert sind. Aber eine Bewusstmachung ist auf jeden Fall eine Hilfe gegen »Rassismus«.

Kilometerstein: Glaubensverlust?

Mit Blick auf die derzeitigen Diskussionen innerhalb der Kirche taucht bei mir die Frage auf: Und wenn das dort Besprochene tatsächlich alles realisiert würde, könnte das den Niedergang der Kirche und den Abschied vom Glauben aufhalten? Die Antwort kennen wir nicht. Meine These ist: Wahrscheinlich wäre der Niedergang nicht mehr zu stoppen. Denn die Menschen verlassen die Kirche nicht nur wegen der Missbrauchsfälle und der Unzufriedenheit mit den Strukturen, sondern wohl hauptsächlich, weil sie – in einem langen Prozess – den Gottesglauben verloren haben.

Ist es also aus und vorbei? Oder?

Betrachtet man religiöse Traditionen, heilige Schriften, Gottesdienstformen und Glaubensinhalte sämtlicher Religionen, so gilt dies alles doch nur unter der Voraussetzung, dass es im Hintergrund unserer sichtbaren materiellen Welt eine geistige Innenseite gibt. Sonst hätte ja jegliches Gebet keinen Adressaten.

Die Innenseite

Dass wir Menschen – und abgestuft auch alle anderen Lebewesen – in unserem Bewusstsein eine solche innere Erlebniswelt besitzen, das ist unstrittig und ich habe dies bereits dargestellt. Wir können uns auch mit den Innenseiten anderer Menschen verbinden und in vielfältigen Austausch treten. Schließlich gehören zu unserer Innenseite Dinge wie Kultur, Wissenschaften, alle unsere Fähigkeiten, die Welt der Gefühle und schließlich unsere zwischenmenschlichen Beziehungen. Letztlich ist es ja ein großes – und leider wenig beachtetes – Wunder,

dass elektrische Vorgänge in Sinnesorganen und Gehirn
mich dann in meinem Bewusstsein einen herrlichen Sonnenaufgang erleben lassen. Dieser Zusammenhang wird
wohl ein Geheimnis bleiben.

Das große »Aber«

Ob diese unsere persönliche Innenseite jedoch wirklich in Verbindung stehen kann mit einer noch viel größeren Innenseite, das bleibt weiterhin eine offene Frage.
Wir Christen sind also – zumindest, was ein sicheres
Wissen betrifft – zusammen mit den anderen Menschen
letztlich alle Agnostiker, also Nichtwissende. Daher können wir uns solidarisch fühlen mit jenen Menschen, die
uns mehrheitlich umgeben und die mit Glauben und
Kirche »nichts am Hut haben«. Ja, es stünde uns sogar
gut an, dies zunächst einmal unumwunden und ehrlich
zuzugeben.

Kilometerstein: Der Vertrauenssprung

Wir Christen vertrauen darauf, dass sich unsere persönliche innere Erlebniswelt zu einer letztlich für uns unfassbaren Innenseite hin weitet – mit altem Namen »Himmel« – und dass es diese innere Dimension überhaupt gibt. Wenn es sie gibt, dann natürlich für alle Menschen, ja vielleicht sogar für alle Lebewesen. Und damit ist schon vorgegeben, dass dieses Innere nicht nur von christlichen Begriffen geprägt sein kann, sondern dass es für alle Zeiten und für alle Religionen, Weltanschauungen, Völkerschaften, Kulturkreise eine geistige Heimat sein muss und auch ein letztes Ziel, in das wir nach dem Tod einziehen werden, wie es in einem bekannten Spiritual heißt: »When the saints go marching in.«

Schon im jetzigen Leben können wir Beziehung aufnehmen zu dieser Innenseite in einer Weise, wie sie uns jener junge Mann aus Nazareth gelehrt hat, in dem die geistige Macht, die wir Gott nennen, als »Güte und Menschenfreundlichkeit« auf uns zugekommen ist. Dieser Jesus sagte seinen Freundinnen und Freunden: »Wenn ihr betet, so sprecht: Unser Vater im Himmel …« Und damit verwirklichen wir den Vertrauenssprung in jene Wirklichkeit, die wir nicht beweisen können, und in der zunächst nur gilt – wie Paulus schreibt – »Im Glauben leben wir, noch nicht im Schauen«.

Zwar in ganz verschiedenen Weisen, letztlich aber doch hin zum gleichen Ziel, wird der Strom des Lebens münden in jene große Gemeinschaft des Himmels. Ich bin schon gespannt, ob ich beim himmlischen Hochzeitsmahl an einer Tischecke einen Kollegen vom Planeten des Fixsterns »alpha-Centauri« treffe und ihn mit folgenden Worten begrüßen kann: »Ich habe ja immer schon geahnt, dass es Sie gibt. Nun lernen wir uns kennen!«

Zurück zur Erde! Da sagte neulich bei einer Tagung ein achtzigjähriger Theologieprofessor: »Ich lasse nun alles hinter mir, was ich an Theologie unterrichtet habe, und gehe in einem ganz kindlichen Vertrauen auf meine letzte Stunde zu. Wie das sein wird, weiß ich nicht. Ich überlasse es Gott.«

Kilometerstein: Massentauglich

Wie war das alles so selbstverständlich in der Vergangenheit und in Regionen, wo alle Menschen einer einzigen Religion und Konfession angehörten! Alles war geregelt und eingebettet in ein volkstümliches Brauchtum, das den Einzelnen durch das Leben trug. Manchmal blicken wir vom heutigen Standpunkt aus etwas kritisch und leicht naserümpfend auf solche Zeiten und Gesellschaften. Aber wenn man versucht, sich in den Seelenzustand eines Menschen unter diesen Umständen zu versetzen, dann lässt sich doch eine große Zufriedenheit erahnen. Denn damals gab es keine Fragen und keine Kritik. Alles lief in vorgeformten Bahnen. Niemand musste wirkliche Entscheidungen treffen. Vorn stand jemand, der allein das Sagen hatte. Für die anderen genügte es, dem Gottesdienst lediglich »beizuwohnen«. Kirchliche Mitgliedschaft reichte also völlig aus.

Damals war das doch eine massentaugliche Religion mit einer großen Harmonie – richtig zum Wohlfühlen. Auch intellektuelle Unterschiede spielten kaum eine Rolle. In einem Akademikerkreis riet sogar ein Weihbischof am Ende einer Diskussion: »Denken Sie nicht so viel, dann kommen Sie nicht in Glaubensschwierigkeiten!«

Darum ist eine gewisse Trauer bei Menschen, die noch den alten Stil kannten, durchaus zu verstehen. Inzwischen hat jedoch ein großer Wandel stattgefunden, allein schon dadurch, dass es keine konfessionell geschlossenen Gebiete mehr gibt und dass viele andere Anbieter auf dem Markt sind. Der Christ muss nun sein eigenes Denken und Fühlen neu aktivieren. Das fällt schwer, denn über Jahrhunderte hinweg war dies nicht gefragt und deshalb nicht geübt gewesen – wahrscheinlich vom Klerus auch nicht gewollt. Nun ist eigene Aktivität natürlich wesentlich anstrengender als passives Beiwohnen. Petrus aber wird wohl ausdrücklich an ein lebendiges Christsein gedacht haben bei seiner Aufforderung: »Seid stets bereit, jedem Rede und Antwort zu stehen, der nach der Hoffnung fragt, die euch erfüllt!«

Wie stellen sich nun die verschiedenen kirchlichen Ebenen und Gruppen zu diesem Wandel?

Eine Gruppe erweckt den Anschein, den Wandel überhaupt noch nicht mitbekommen zu haben. Sie sagen sich: »Das hat über Jahrhunderte hin doch ganz gut geklappt, warum nicht weiter so?« Sogar einige der sowieso nur wenigen jungen Priester wenden sich rückwärts, weil sie – verunsichert – darin für sich eine Lösung sehen.

Andere stellen zwar die Situation fest, sehen jedoch noch keinen Ausweg und sind daher durch Resignation gefährdet. Da kann Trauer die Kirche durchziehen, also das Gegenteil von Frohbotschaft.

Schließlich gibt es Menschen, die nicht nur die Lage richtig einschätzen, sondern auch ungewohnte Gedanken wagen, um das Anliegen Jesu zum Wohl des Einzelnen und der ganzen Menschheit voran zu bringen. Wie das geschehen könnte? Darüber müssten wir miteinander sprechen. Nicht umsonst war bei der Ansprache von Papst Franziskus zur Weihnacht 2021 das Hauptthema der Dialog. Das aber stellt eine Herausforderung für alle dar, denn sowohl die meisten Leute an der Gemeindebasis wie auch die Mehrheit des Klerus tun sich schwer mit Gespräch.

Kilometerstein: Erlösung

Mahatma Gandhi soll einmal über die Christen gesagt haben: »Sie müssten erlöster aussehen!« Aber fühlen wir uns denn erlöst? Oder machen wir uns da nur etwas vor, weil wir dies oft innerhalb der Kirche gehört haben?

Nach kirchlicher Lehre gilt doch folgender Gedankengang: Die ersten Menschen haben durch Ungehorsam gegen Gott gesündigt und dadurch ihren paradiesischen Heilszustand verloren. Diese Schuld wird als Erbsünde von Generation zu Generation durch Geschlechtsverkehr weitergegeben. Der Begriff Erbsünde stammt, wie bereits dargestellt, von Augustinus. Erst durch den Kreuzestod Jesu wurde gegenüber dem – über die Sünde zornigen – Gott Genugtuung für die Sünden der Welt geleistet und dadurch die Menschen von Adams Schuld erlöst. Vermittelt wird dies durch Priester der katholischen Kirche, die die Sakramente spenden und dadurch von der Sünde befreien, also letztlich darüber entscheiden, ob jemand in die Hölle kommt oder nicht.

Ich habe dies bewusst in einem kurzen Gang genannt, um anschließend zu fragen: Wie wirkt das? Kirchlich Außenstehende werden es entweder gar nicht verstehen oder es für baren Unsinn halten. Insider akzeptieren es, weil es nun mal zum Zentrum der Kirche gehört, haben sich all dies aber meist noch nie so recht bewusst gemacht. Andere Kirchenmitglieder – wie ich – stehen inzwischen vor vielen grundsätzlichen Fragen. Das beginnt schon damit: Welche ersten Menschen sollen denn da ungehorsam gewesen sein? Schließlich erstreckt sich das Hervortreten der Menschheit aus dem Tierreich doch über viele

Millionen Jahre. Darum bezeichnen Fachleute die ersten Kapitel der Bibel als Mythen. Auch trägt der Ausweichgedanke nicht, dass die Menschen wie Gott sein wollten, denn der Ein-Gott-Glaube hat sich erst recht spät entwickelt.

Was ist denn überhaupt Sünde? Sie geht hervor aus den an sich positiven Mentalitäten und Verhaltensmustern, die wir aus dem Tierreich mitbringen und die wir als Menschen mit unserer höheren Intelligenz zum Schaden anderer Menschen übersteigern können. Aus Nahrungsbeschaffung werden Habgier, Raub, Mord, Krieg und Eroberung bis zum Völkermord. Aus Führung wird Gewaltherrschaft, Sexualität kann gewaltig eskalieren. Weil aber unser Gehirn Erfolge jeglicher Art mit lusterzeugenden Stoffen belohnt und wir diese haben wollen, lockt diese Tatsache auch zu kriminellen und oft furchtbaren Handlungen. Dieser Mechanismus ist genetisch codiert, daher sind wir – leider – bleibend gefährdet.

Und der Tod Jesu am Kreuz? »Lamm Gottes, das hinwegnimmt die Sünden der Welt«? Zunächst einmal war es wohl ein ganz normaler Tod, den dieser junge Mann aus Nazareth auf sich nahm in einem unbändigen Vertrauen zu Gott, seinem Vater. Mit diesem Tod setzte er den konsequenten Schlusspunkt zu der von ihm in der Bergpredigt verkündeten Prinzip der Gewaltlosigkeit. Und der Vater ratifizierte diesen Weg durch die Auferweckung Jesu.

Damit trat tatsächlich etwas Neues in die Welt: Es wurde gezeigt, dass der Tod nicht ein absolutes Ende, sondern durchlässig geworden war – als Tür in eine andere Wirklichkeit. Übrigens: Von Gottes Seite her galt das auch vorher schon. Nun aber – »im neuen Bund« – war es für uns offenbar geworden. Und so fühlten sich die ersten Christen vorrangig als Zeugen der Auferstehung.

Wie aber steht es um die Erlösung? Sie gilt jedenfalls nicht in jenem Sinn, den ich mal in einem Kindergebet erfahren habe: »Ein einz´ger Tropfen Jesu Blut macht ja allen Schaden gut.« Oder wie es in einem – für mein Empfinden – furchtbaren Bild dargestellt wird, genannt »Gnadenstuhl«: Da hält Gottvater – mit grimmigem Gesicht – in beiden Armen das Kreuz, an dem vorn der Sohn hängt. So, als wollte der Vater das Blut seines Sohnes sehen, als Genugtuung für die Sünden der Welt.

Nun ist dieser Gedanke über fast 2000 Jahre in der Kirche betont worden und hat Eingang gefunden in Gebete, Liturgietexte, Dichtungen, Bild- und Musikwerke (wie etwa Bachs Weihnachtsoratorium). Zur Advents- und Weihnachtszeit wird das besonders deutlich: »Welt ging verloren, Christ ist geboren / Christ ist erschienen, uns zu versühnen« oder »denn verschlossen war das Tor, bis der Heiland trat hervor«. Im Exsultet der Osternacht heißt es wiederum: »O glückselige Schuld (des Adam), die einen solchen Erlöser gefunden hat«. Kurz: Der Erlösungsgedanke hat eine ganze Kultur geprägt. Auch die Reformation konnte daran im Grunde nichts ändern. Luther litt unter der Frage: »Wie finde ich einen gnädigen Gott?« So heißt es in alten evangelischen Liedern: »Was du, Herr, hast erduldet, ist alles meine Last, denn ich hab das verschuldet, was du getragen hast.«

Allerdings wird in Paul Gerhards Lied dem Tod Jesu auch noch eine andere Bedeutung gegeben, nämlich als Zeichen der Solidarität Gottes mit menschlicher Angst und Not: »Wenn ich einmal soll scheiden … wenn mir am allerbängsten wird um das Herze sein, so reiß mich aus den Ängsten kraft deiner Angst und Pein!« (GL 289, 7)

Wie nun heute umgehen mit Erlösung? Der Erlösungs- und Opfergedanke wird abklingen. So heißt es in der Heiligen Messe inzwischen nicht mehr »Opferbereitung« sondern »Gabenbereitung«. Es wäre zu wünschen, dass die wirkliche Botschaft Jesu stärker ins kirchliche Bewusstsein tritt: »Erschienen ist uns die Güte und Menschenfreundlichkeit unseres Gottes.« / »Nicht Opfer will ich, sondern Barmherzigkeit«. Vergebung sollte nicht über den Beichtstuhl, sondern im direkten Kontakt zu Menschen erfolgen – so, wie es das Vaterunser ausdrückt: »Vergib uns unsere Schuld, wie wir vergeben unseren Schuldigern.«

Konservative Kreise werden allerdings den Opfer- und Erlösungsgedanken hochhalten, weil dies die Wichtigkeit des Klerus betont. Von dieser Herrschaftsform haben sich die Menschen aber mehrheitlich verabschiedet. Schade nur um das damit verbundene Verstummen der Botschaft Jesu, die wichtig bleibt für die Zukunft der Menschheit. Vielleicht aber realisiert das Gottes Geist auf andere Weise. Er weht ja, wo er will. Sicher war er auch beim Konzil, als man dort den bemerkenswerten Satz formulierte: »Auch andere Menschen können auf anderen Wegen Gott suchen und finden.«

Kilometerstein: Katechismus

Es ist lange her, dass ich in dieses Buch geschaut habe. Mir liegt die im Jahre 1992 von Papst Johannes Paul II. autorisierte Ausgabe vor.

Beim Thema »Erbsünde« ist zu lesen: »Der Bericht vom Sündenfall verwendet eine bildhafte Sprache, beschreibt jedoch ein Urereignis, das zum Beginn der Geschichte des Menschen stattgefunden hat. Die Offenbarung gibt uns die Glaubensgewissheit, dass die ganze Menschheitsgeschichte durch die Ursünde gekennzeichnet ist, die unsere Stammeltern freiwillig begangen haben.« Und dann wird über mehrere Seiten breit ausgeführt, welche Wirkungen »die Sünde Adams« haben soll.

Da steht ein naturwissenschaftlich geprägter Mensch wie ich fassungslos davor. Evolution ist völlig ausgeblendet. Noch nicht einmal der Gedanke von Theologieprofessor Ratzinger aus dem Jahre 1978 wurde berücksichtigt: »Dass Gott die Welt erschaffen hat, das ist unser Glaube. Über das Wie möge sich der Gläubige durch die Wissenschaften belehren lassen.« Und die Wissenschaften haben inzwischen zweifelsfrei nachgewiesen, dass die Menschheit in einem langen Prozess aus dem Tierreich hervorgegangen ist. Aber in diesem Katechismus sind sogar die Aussagen des Konzils negiert, etwa wie Schrifttexte aufzufassen sind. Zum geistigen Hintergrund von Genesis 3 hatte ich ja schon geschrieben: Die Autoren dachten statisch, nicht evolutiv, hielten Adam und Eva für gleichartig mit gegenwärtigen Menschen, setzten Monotheismus voraus und verfassten den Text, um die Unbilden menschlichen Lebens zu erklären.

Welchen Sinn soll dieses penetrante Festhalten an der angeblichen Erbsünde denn haben? Der Grund ist ein recht einfacher und aus kirchlicher Sicht durchaus verständlich: Die Erbsünde begründet die gesamte Mentalität, Lebensweise und Erlösungslehre der katholischen Kirche, ja sie ist eine ihrer tragenden Säulen. Ohne Erbsünde wäre vieles anders, besonders bezüglich der Rolle des Klerus. Und damit stellt die Lehre von der Erbsünde einen wesentlichen Machtfaktor dar. Dass der nicht fallen darf, ist somit völlig nachvollziehbar. Und genau deshalb wird er verteidigt, wenngleich mit unsinnigen Argumenten.

Ein volkstümlicher Trost: Die meisten Gottesdienstbesucher achten nicht auf Texte von Liturgie und Liedern. Ebenso wenig kennen sie die theologischen Hintergründe, könnten also auch das nicht leisten, was Petrus wünscht: »Seid stets bereit, jedem Rede und Antwort zu stehen, der nach eurer Hoffnung fragt!« Die Menschen sind einfach da, empfinden Heimat, haben Trost, erleben die gewohnte Atmosphäre, fühlen sich wohl – und alles ist gut. Und damit ist ja vielleicht auch wirklich alles gut. Nur ich – und da mache ich es mir selbst schwer – achte dummerweise auf Texte, etwa, wenn es in einer Präfation heißt: »Als er (der Mensch) aus eigener Schuld deine (Gottes) Freundschaft verlor, hast du ihn trotzdem nicht verlassen ...«.

Ich sprach mit einem Priester über obigen Katechismustext, und der meinte: »Ach, der ist doch alt, der gilt nicht mehr.« Hängt also alles in der Luft?

Kilometerstein: Nur ein Traum?

Nach dem Zweiten Weltkrieg klebte an der Tür meines Klassenzimmers lange Jahre ein Plakat mit der Aufschrift: »Kein Deutscher nimmt je wieder ein Gewehr in die Hand.« Zwischen Frankreich und Westdeutschland, die – wie man meinte – eine Todfeindschaft trennte, gelang eine Versöhnung, indem zwei Männer sich die Hand reichten: Charles de Gaulle und Konrad Adenauer, und wo auf einem Studententreffen erstmals junge Menschen aus Deutschland und Frankreich miteinander tanzten.

Überlagert wurde dieser Friedensprozess von dem sich leider entwickelnden Ost-West-Konflikt zwischen den Westalliierten und der Sowjetunion. Lange Zeit standen sich mit Atomsprengköpfen geladene Raketen gegenüber und bildeten ein Gleichgewicht des Schreckens. Die Friedensbewegung hatte sich ein Wort des Propheten Micha gewählt: »Schwerter zu Pflugscharen!«

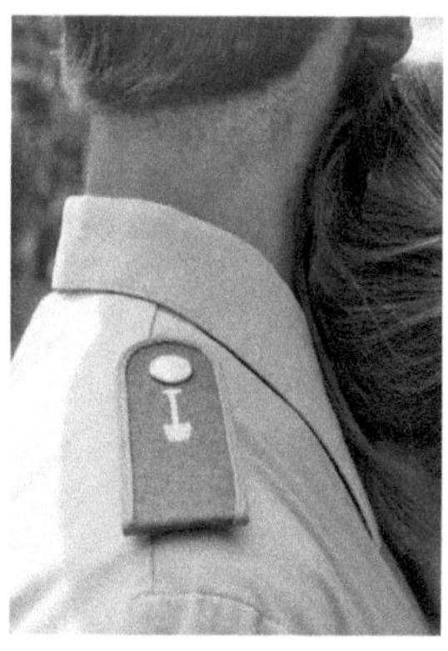

Unser Sohn entschied sich für den Wehrdienst ohne Waffe und wurde Bausoldat.

Ab 1989/90 entwickelte sich in Europa ein freundschaftliches Verhältnis zwischen allen Ländern. Und man war der Meinung, dass sich Hass und Aggression in ihr dunkles Reich zurückgezogen hätten. Und nun stehen wir traurig vor der Zerschlagung dieser Hoffnung und dieses Vertrauens. Das Geltungsbedürfnis eines einzelnen Mannes hat das bewirkt.

Kilometerstein: Amtsgnade

Als einmal ein Kandidat für das Bischofsamt vorgeschlagen wurde, sprachen wir in einem kleinen Kreis darüber und waren der einhelligen Meinung, dass dieser Mann nicht für das Amt geeignet sei. Da meldete sich eine Teilnehmerin. »Auch ich bin der Meinung, dass der Vorgeschlagene von seiner Art her nicht als Bischof geeignet ist«, sagte sie, »aber nun kommt ja die Amtsgnade hinzu, und damit wird es dann wohl gehen.« Hinter dieser Argumentation steht anscheinend der Gedanke, dass durch die Weihe, übrigens auch schon durch die Priesterweihe, der Mensch »ontisch« – also in seiner ganzen Seinsweise – verändert wird, bis hinein in die Hirnstrukturen. Dadurch verfügt er nun über Eigenschaften und Fähigkeiten, die er vorher nicht hatte.

Manche Priester sind davon überzeugt, dass dies auch auf sie zutrifft und dass sie aufgrund dessen hocherhoben sind über die übrige Menschheit, besonders natürlich über diesen untergeordneten Stand der »Laien«. Dabei wird Herrschen doch als Dienen interpretiert. In diesem Zusammenhang sagte ich einmal zu einem Bischof: »Es gilt doch der Satz Jesu: »Wer unter euch der Größte sein will, der sei der Diener aller.« Darauf der Bischof: »Ich bin doch der Diener aller.«

Ein weiteres beherrschendes Wort heißt: »Wir tragen die Verantwortung!« Ein besseres Totschlagsargument gibt es nicht, um ein Gespräch zu beenden. Das äußerte sich auch in dem kürzlich von Rom erteilten Verbot an die Organisatoren des »Synodalen Weges«. Diese wollten eine dauerhafte Kommission bilden, in der Klerus und Laien auf Augenhöhe weiterarbeiten sollten. Allein schon die Bezeichnung »Synodaler Weg« drückt ja bereits die ganze Verlegenheit und Peinlichkeit bei der Überbrückung des Zwiespalts aus, dass man einerseits etwas Synodenähnliches installieren wollte, was aber andererseits keine wirkliche Synode sein durfte.

So wurde daraus also ein »gemeinsamer-Weg-Weg«, denn »Syn-hodos« heißt ja schon »gemeinsamer Weg«. Dass es dabei eigentlich um die Aufarbeitung der Missbrauchsfälle gehen sollte, geriet dabei völlig in den Hintergrund.

Kilometerstein: Kirchliche Schlussgedanken

Vielleicht stimmen einige Leserinnen und Leser mit mir darin überein, dass ich die Kirche liebe, andererseits aber auch an ihr leide. Denn durch sie habe ich die Botschaft Jesu empfangen und liebevolle, vertrauensvolle Glaubenszeugen erlebt. Andererseits aber sehe ich in ihr, besonders im Hinblick auf die Kirchengeschichte, ein ganz normales Weltreich mit allen – eben auch negativen – Begleiterscheinungen, wie psychische und physische Gewalt.

Allein schon die Tatsache, dass nicht einzelne Menschen für die Kirche gewonnen wurden, sondern ganze Gebiete und Länder auf einen Schlag zum katholischen Glauben kamen, hat einen mehr als schalen Beigeschmack. Oft stand neben einem Priester mit dem Taufwasser auch ein Soldat mit dem Schwert. Das alles sind dunkle Flecke auf dem Weg der Kirche durch die Zeit. Sie war oft weit davon entfernt, dass uns in Jesus Christus – wie Paulus schreibt – die Güte und Menschenfreundlichkeit unseres Gottes erschienen ist. Glücklicherweise gibt es in der Kirchengeschichte jedoch zwei Stränge: Der eine richtet sich nach Jesu Botschaft, der andere nicht. Der eine kümmert sich um Hilfe »für einen meiner Geringsten«, der andere herrscht in einer Weise, über die Jesus sagt: »Unter euch soll es nicht so sein!«

Zum Blick auf die dunklen Seiten: In diesem Zusammenhang gibt uns das Konzil doch den guten Gedanken von der Kirche als wanderndem Gottesvolk. Wer wandert, kommt eben nicht nur durch helle, sondern auch durch dunkle Wegabschnitte – und kann es bedauern, aber auch zugeben. Da bricht der Kirche kein Zacken aus der Krone, im Gegenteil: Ehrlichkeit zahlt sich aus.

In unserer Gemeinde gab es kürzlich eine Veranstaltung zur Frage: Warum verlassen Menschen die Kirche? Dazu erschien auch ein »Ausgetretener«, der danach allerdings in eine Freikirche eintrat und sich dort wohlfühlt. An der katholischen Kirche kritisierte er, dass sie nicht ihre Aufgaben erfülle: Seiner Meinung nach fehle die Glaubensverkündigung – das Beiwohnen bei einer sakralen Handlung allein reiche nicht aus. Da müsste man doch dem Beispiel Jesu folgen, von dem es oft heißt: »Und er lehrte sie lange.«

Ich gebe die Hoffnung nicht auf.

Kilometerstein 2024 (a): Demokratie

Da ich mich nicht nur für Kirchengeschichte, Theologie und Naturwissenschaften interessiere, sondern mich auch um politische Wachheit bemühe, ist unbedingt noch ein Blick vom jetzigen Kilometerstein auf die gesellschaftliche Entwicklung dieses halbwegs vereinigten Deutschlands nötig.

Dazu greife ich weit zurück, nämlich ins Jahr 1939, also zum Beginn von Hitlers Krieg. Neben vielen schlimmen Ereignissen und Millionen von Todesopfern hat dieser Krieg eine ganz späte Wirkung hinterlassen, nämlich die unterschiedliche Entwicklung in den ost- und westdeutschen Gebieten: Ostdeutschland kam unter sowjetische Herrschaft und damit nach der Nazizeit in eine weitere Diktatur.

Als der Osten 1945 zur sowjetischen Besatzungszone wurde und dies faktisch bis 1990 blieb – selbst nach der Umbenennung in »DDR« –, da verlangte die Sowjetunion zunächst direkte Reparationen, etwa den Abbau des zweiten Eisenbahngleises. Es folgten weitere gewaltige indirekte Reparationen. Außerdem machte die sowjetische Ideologie ein prosperierendes Wirtschaften unmöglich, was in Westdeutschland nach kurzer Zeit der Not zu raschem Wohlstand führte.

Doch was geschah in der DDR? Wie ich vom Betriebsleiter eines Magdeburger VEB – also einem sogenannten »volkseigenen Betrieb« – erfuhr, lief es dort folgendermaßen: Wenn der Betrieb durch Exportgeschäfte mit dem Westen einen Gewinn von beispielsweise einer Million D-Mark erwirtschaftet hatte, dann mussten davon 999.000 DM auf ein Konto in Moskau überwiesen werden. Für die restlichen 1.000 DM konnte sich der Betrieb eine kleine Bohrmaschine kaufen. Der Außenhandel lief sowieso nur über die westliche D-Mark. Die Ostmark hingegen rotierte lediglich innerhalb der DDR, wurde im Binnenhandel eingesammelt und als Lohn wieder ausgezahlt. Das Geld reichte gerade mal für ein bescheidenes Leben – mit Rest Null. Kapitalaufbau war also fast nicht möglich. Meine Frau und ich hatten nach einem Arbeitsleben nur jenen kleinen Betrag auf dem Konto, den man 1:1 umtauschen konnte.

Noch ein weiteres Beispiel zur Verdeutlichung: Eine Werft in Dessau-Roßlau stellte kleine Fahrgastschiffe für die Sowjetunion her. Allerdings verlangten die Russen, dass dort Dieselmotoren aus westdeutscher Produktion eingebaut wurden. Also musste die DDR zunächst einmal Westgeld besorgen – an dieses Geld kam sie durch den Zwangsumtausch an der Grenze, durch Autobahngebühren oder durch den Verkauf von politischen Gefangenen, was zwischen 30.000 und 100.000 DM pro Person einbrachte. Von diesem Geld konnten dann die Westmotoren gekauft werden, um sie in die Fahrgastschiffe einzubauen. Diese wurden dann in DDR-Mark verrechnet.

Ein Witz aus jener Zeit: Als sich China und Russland – die mal im Zwist waren – versöhnen wollten, sagte China: »Das kostet aber was: Ich will für jeden Chinesen eine Hose und ein Fahrrad!« Der Russe: »Genehmigt!« Der Chinese: »Und dann noch für jeden Chinesen ein Kilo Reis!« Der Russe: »Das geht nicht! Reis wächst nicht in der DDR!«

Als nun zur Wendezeit dieses ausgesogene Land dem reichen Westen gegenübertrat, wurde das ganze Ausmaß der Ärmlichkeit offenbar. Dann trat die »Treuhand« auf: Sie privatisierte alles. Vordergründig ging es um Gegenstände, hintergründig wurde den Menschen jedoch die Würde geraubt. Eine Arbeiterin aus unserem Kreis sagte damals: »Dass sie uns so niederdrücken würden, das hätte ich nicht erwartet!« Allein hier in Magdeburg wurden auf einen Schlag 30.000 Menschen arbeitslos. Die seelische Wirkung war furchtbar.

Dann wurden auch noch fast alle Führungspositionen mit Westdeutschen besetzt. Ein westdeutscher Schulleiter fragte mich vor einer von mir abzunehmenden mündlichen Abiturprüfung in Geographie: »Haben Sie auch an die 23 Stücke gedacht?« »Selbstverständlich!«, antwortete ich. Erst später erfuhr ich, dass bei einer Erdkundeprüfung der Prüfling 23 Hilfsmittel wie etwa Karten, Bilder oder Texte nutzen durfte. Das musste eine westdeutsche Kultusministerkonferenz vielleicht in den fünfziger Jahren beschlossen haben. Wir »Ostgermanen« konnten all dies jedoch unmöglich innerhalb von vier Wochen lernen. Deshalb waren zunächst auch westdeutsche Leiter nötig – dass diese dann ihre (westdeutschen) Freunde nachzogen, ist verständlich.

Aufgrund der von mir geschilderten Umstände war klar, dass das ganze Land zunächst alimentiert werden musste. Dafür war und ist der Osten auch dankbar. Bitter für die Würde blieb es dennoch, und so trat erneut eine große Demütigung ein. Ostdeutsche Mentalität wurde vom Westen her nicht ernstgenommen, das blieb für lange Zeit der Fall. Auch das westdeutsche Parteiensystem hat im Osten nicht richtig fußgefasst.

Inzwischen hat sich daraus ein Spannungsverhältnis entwickelt, das sich auf den Wahlzetteln als Wut niederschlägt. Kurz: Ich spreche von den Europa-, Kommunal- und Landtagswahlen dieses Jahres in den »neuen« Bundesländern Thüringen, Sachsen und Brandenburg. Dort dominierte die »Alternative für Deutschland«, eine Partei, die vom Verfassungsschutz als rechtsextrem eingestuft wird. Dies aber ist für viele Wähler kein Hinderungsgrund, sondern vielmehr geradezu ein Anreiz, weil man dadurch »die da oben« am meisten schädigen und seiner persönlichen Wut am stärksten Ausdruck verleihen kann. Als besonders schlimm empfinde ich den hohen Anteil der jungen Generation, die anscheinend zum Teil die Zuversicht in eine gute Zukunft verloren hat.

In Thüringen und Brandenburg hat die AfD sogar die Sperrminorität erreicht und macht dadurch diese Länder faktisch unregierbar. In Sachsen konnte das nur durch einen einzigen Sitz vermieden werden. So hat dieses – eines meiner letzten – Stückwerke einen offenen, aber leider sorgenvollen Ausgang. Es wäre wohl an der Zeit aufzuwachen, und zwar in jeglicher Hinsicht.

An diesem Punkt kann es hilfreich sein, sich mit der Geschichte der Demokratie zu beschäftigen, die ja für uns Ostdeutsche – nach zwei Diktaturen hintereinander – ein völlig neues Feld war:

Als es – schon lange zurück – in den oberitalienischen Stadtstaaten bereits demokratische Abstimmungen gab, und zwar mit schwarzen und weißen Kugeln, da meinte Leonardo da Vinci: »Wenn ein einzelner Mann eine Entscheidung zu treffen hat, dann kann die richtig oder falsch sein. Kommen aber zehntausend Halbidioten mit schwarzen und weißen Kugeln zur Urne, dann wird das Ergebnis richtig sein, denn Volkes Weisheit ist Gottes Weisheit.«

Leonardo spricht hier eine Achillesferse der Demokratie an – schließlich wurde auch Hitler demokratisch gewählt. Und das derzeitige Erstarken der AfD ist ebenfalls demokratisch zustande gekommen und deutet in die gleiche gefährliche Richtung. Viele verstehen den Ausdruck »demokratisch gewählt« dahingehend, dass doch alles, was den demokratischen Prozess durchlaufen hat, automatisch integer ist. Wie das Ergebnis jedoch zustande kam, steht auf einem anderen Blatt.

Menschen in Verunsicherung und Kränkung neigen dazu, nach dem sogenannten »starken Mann« Ausschau zu halten, der ihre Nöte und Ängste anspricht und dafür einfache Lösungen anbietet, möglichst noch in nationalem Gewand: »Nur für Deutschland!« Genau das ist in den letzten Jahren geschehen. Leider sind die »neuen« Bundesländer für dieses Angebot besonders empfänglich, weil hier der Wendeschock noch immer nicht verwunden ist. Hinzu kommt, dass in Thüringen ein auf seine Weise kluger Demagoge wirkt, der – auch mit Brüllen – auf großartige Weise die Klaviatur des »Häuptlingsprinzips« spielt.

Von diesem Prinzip war in den vorherigen Kapiteln schon die Rede: Es stammt aus menschlicher Frühgeschichte und da es in uns wahrscheinlich auch genetisch codiert ist, kann es von Populisten sofort aufgerufen werden. In der Gruppe übernimmt einer die Führung, die anderen folgen. Auf diese Weise füttert der Häuptling sein Macht- und Geltungsbedürfnis, aber auch die Gefolgschaft freut sich: Schnell und gern hat sie ihre Freiheit an den Chef abgegeben, ist im Gegenzug von jeglicher Verantwortung entlastet, marschiert aber entspannt mit – beteiligt an der großen Sache. Dieses Prinzip war in der Menschheitsentwicklung durchaus erfolgreich. Auch die katholische Kirche nutzt es, einst erfolgreich, nun aber eher zu ihrem Nachteil.

Demokratie jedoch ist nicht genetisch codiert, darum wesentlich anstrengender und gefährdeter. Sie ist nicht nur mühsam errungen, sondern verlangt außerdem den stetigen Einsatz möglichst vieler Menschen. Der aus der Passivität geäußerte Satz: »Macht mal!« kann für die Demokratie tödlich sein.

Den – halbwegs – demokratischen Parteien sei empfohlen: Gut regieren und dies den Menschen in volkstümlicher Sprache erklären! Damit möglichst viele den positiven Sinn einer Maßnahme verstehen, denn sonst könnte es mit der Akzeptanz schwierig werden.

Kilometerstein 2014: Toleranz

In diesen Zusammenhang passt die Schilderung einer Begebenheit aus dem Jahre 2014. Dazu vorab folgende Bemerkung: Wenn Fronten aufeinandertreffen und es zu Spannungen kommt, dann führt dies mitunter zu einem unerbittlichen Kampf, in dem sich die beteiligten Parteien unversöhnlich gegenüberstehen. Das kann sogar so weit gehen, bis die eine Partei die andere vernichtet hat – geistig oder sogar durch physische Gewalt.

Aber es kann auch ganz anders ausgehen, nämlich mit einer freundlichen Trennung, in der die verschiedenen Meinungen nochmals genannt und von der anderen Seite respektiert werden. Das bedeutet jedoch keineswegs, alles zu relativieren und als gleich-gültig aufzufassen. Vielmehr macht gerade eine stabile eigene Sicht die Tolerierung der Gegenmeinung möglich.

Hier möchte ich nun konkret werden: Nachdem ich 2014 in unserer Kirchenzeitung »Tag des Herrn« in einem Leserbrief meine Meinung geäußert hatte, erschien dort nach zwei Wochen ein wütender und beleidigender Gegenschlag durch einen höheren Geistlichen aus Berlin. Dieser warf mir nicht nur Dummheit und Inkompetenz vor, sondern kleidete seine Meinung außerdem in ein lateinisches Zitat ohne Übersetzung. Dies war seit jeher ein probates Mittel des Klerus, um einem Laien den Bildungs- und Rangunterschied zu verdeutlichen.

Ich bat den Bennoverlag in Leipzig, mir einen Kontakt zu jenem Prälaten herzustellen, was auch gelang. Der Briefwechsel zwischen uns ging nun ein paarmal hin und her. Darin legten wir – in freundlichem Ton – unsere Sichten dar und benannten auch deutlich die Unterschiede. Dabei stellten wir fest, dass wir diese Differenzen zwar wechselseitig respektierten, aber dennoch so stehen lassen mussten. Am Ende verabschiedeten wir uns dann mit einem guten Segenswunsch.

Allerdings funktioniert eine solche Toleranz nur, wenn sich die Gegner überhaupt erst mal zuhören und jeder von ihnen seine Meinung darlegen kann. Unmöglich ist Toleranz dagegen, wenn einer oder beide von sich behaupten, die einzig gültige Wahrheit zu besitzen, um dann den anderen zu verteufeln. Auf kirchlichem Gebiet sind einmal so markige Sätze gefallen wie: »Außerhalb der Kirche kein Heil.« Dahinter verbarg sich die Auffassung: Es gibt nur eine einzige Wahrheit, und die haben wir. Also muss alles andere falsch sein, alle anderen sind Ungläubige. Doch es geht auch anders, und so möchte ich an dieser Stelle noch einmal den Satz vom Konzil zitieren: »Auch andere Menschen können auf anderen Wegen Gott suchen und finden.«

Hervorgegangen aus dem Judentum, war das Christentum bestrebt, sich von diesem abzugrenzen. Daher sind schon die Schriften des Neuen Testaments nicht ganz frei von antijüdischer Polemik. So steht – wie es die Autorin Hilde Domin bemerkte – bei negativen Ereignissen beispielsweise oft »die Juden«, bei positiven jedoch »das Volk«. Dabei waren es dieselben Menschen.

Auch haben »die Juden« beim Todesurteil über Jesus wohl nie gerufen: »Sein Blut komme über uns und unsere Kinder.« Der Grund dafür ist wohl, dass Matthäus sein Evangelium erst nach der Zerstörung Jerusalems im Jahre 70 schrieb und darin die Erfüllung dieses angeblichen Rufes sah. Wenn dann später in mittelalterlichen Städten die Texte des Karfreitags gelesen wurden, dann steigerten sich viele in die Wut über die »Gottesmörder« hinein und es kam zu Pogromen, also zu Judenverfolgungen. Es ist unbestreitbar, dass die katholische Kirche einen großen Anteil am religiös motivierten Antisemitismus hat. Die »Judensau« an der Wittenberger Stadtkirche ist ja bis heute Gegenstand von Diskussionen.

Ich selbst habe in der Karwoche bei den »Großen Fürbitten« noch das Gebet »für die ungläubigen Juden« gehört. Dies wurde inzwischen umgewandelt in die Fürbitte »für unsere älteren Geschwister im Glauben«. Außerdem steht heute in der Paradiespforte des Magdeburger Doms zwischen den Figuren der triumphierenden Ecclesia und der blinden Synagoge auf einer Bodenplatte die Bitte um Entschuldigung für die christliche Blindheit gegenüber dem Volk, dem sich Gott zuerst zugewandt hat.

In den Städten Europas waren Juden zwar nach den Christen die zweitgrößte Religion, doch man verbot ihnen die Ausübung eines regulären Handwerksberufs und erlaubte ihnen darüber hinaus nur das Wohnen außerhalb der Städte oder in bestimmten Stadtvierteln. Den Juden blieben also nur Handel und Geldverleih, was jedoch wieder Unmut und Begehrlichkeiten erzeugte.

In der Neuzeit, also zwischen 1933 und 1945, kam durch Hitler noch ein weiterer »völkischer« Aspekt hinzu. Pseudowissenschaftlich wurde propagiert, dass in Juden feindliches Blut fließe, das vernichtet werden müsse, sowohl bei Erwachsenen als auch bei Kindern. Die furchtbaren Folgen sind bekannt: Mord an sechs Millionen Juden.

In meiner eigenen Erinnerung sind mir Beispiele für den in der Bevölkerung weit verbreiteten Antisemitismus geblieben. So sagte meine Mutter einmal, als sie über ein kleines Hindernis stolperte: »Da war wohl ein Jud begraben!« Oder als mich in Thüringen eine Bäuerin mit einer Blechkanne zum Wasserholen am Dorfbrunnen schickte, da schärfte sie mir ein: »Nur ja nicht vom Judenbrünn!« Der Dorfbrunnen hatte nämlich zwei Ausflüsse – natürlich mit dem gleichen Wasser: einer für Nichtjuden, einer für Juden.

Nach der Ankunft der Amerikaner erfuhr ich aus dem Schaukasten des Ortes, was in den Konzentrationslagern geschehen war. Die Eltern versicherten mir, davon nichts gewusst zu haben. Mutter entsann sich aber, dass sie einmal einen LKW gesehen hatte, auf dessen Ladefläche eng gedrängt Männer standen, darunter ein ihr bekannter Jude – der »Lumpen-Kahn«, ein Altwarenhändler aus der Stadt. Kahn blickte Mutter einen kurzen Augenblick traurig an. Dann war der LKW vorbei.

In der Nachkriegszeit war man zunächst entsetzt über die an den Juden begangenen Verbrechen. Einige wollten das Furchtbare gar nicht wahrhaben. Manche leugnen den Holocaust sogar bis heute, was gerade in letzter Zeit wieder deutlich zugenommen hat und vermutlich auch mit dem Erstarken der AfD in Zusammenhang steht.

Andere schämten sich und tun dies auch heute noch. Viele Schulklassen fuhren nach Auschwitz, um sich mit der Vergangenheit auseinanderzusetzen. Was aber wirklich in den Köpfen und Herzen vorging, das blieb und bleibt weitgehend unbekannt.

Kilometerstein 2024 (b): Gruß an Norbertiner

Als ehemaliger Lehrer am Norbertuswerk möchte ich mich an dieser Stelle mit einem besonderen, herzlichen Gruß an meine ehemaligen Schüler wenden. Für mich waren es ja 39 Dienstjahre – davon dreißig Jahre im »alten Norbertuswerk« mit Priesteramtskandidaten und weitere neun Jahre im »Kolleg Norbertinum« mit Schülerinnen und Schülern aus der allgemeinen Menschheit. In dieser Zeit erlebte ich alle fünf Rektoren: Johannes Braun, Otto Hammer, Wolfgang Quack, Hans-Joachim Marchio und Matthias Weise.

Und vor allem habe ich Sie erlebt – nun als Priester (manche schon Rentner oder bereits heimgegangen) oder als Eheleute und Familienväter. Mir war es immer ein Anliegen, zu den jeweiligen Stoffgebieten des Unterrichts möglichst einen Bezug zum christlichen Glauben herzustellen.

Nun habe ich auf meine alten Tage noch einen Wunsch an Sie und auch an die gesamte derzeit aktive Priesterschaft: Setzen Sie Ihre Energie doch verstärkt für die Unterweisung im Glauben ein! Denn hier besteht meiner Meinung nach das größte Defizit. Was die Leute aus der Kirche hinaustreibt, das sind keine Strukturfragen, nicht mal die Missbrauchsfälle, so schlimm sie auch sind, sondern es ist der Abschied vom Glauben. Viele sagen: »Mir fehlt nichts.« Es wird also nicht mehr deutlich, wie die Verbindung zu Gott im Leben hilft, als Stärke in Schwierigkeiten, als Trost im Leid und als Dank für die Freude im Leben.

Wie kann das praktisch aussehen? Wer sich der Kirche zugehörig fühlt, den trifft man im Gottesdienst am Sonntag. Doch dort ist die Predigt ein Monolog, dabei wäre hier besser ein Gespräch angesagt – als Dialog zwischen Pfarrer und mehreren Gläubigen. Oder es könnte gleich ein Wortgottesdienst sein, der ja mehr Gestaltungsmöglichkeiten bietet. Die Leute werden allerdings sagen: »Wenn schon ein Priester vor Ort ist, dann soll er doch eine Heilige Messe feiern!« Aber gerade, wenn ein Priester »nur« einen Wortgottesdienst gestaltet – was ja mehr Mühe macht als eine Messe –, dann drückt er damit seine Wertschätzung für diese Form aus.

Sonderveranstaltungen am Abend sind weniger sinnvoll. Da kommen nur die Spezialisten. Insgesamt wäre also eine andere Energieverteilung angesagt. Seien Sie schöpferisch und gewinnen Sie Menschen von der Gemeindebasis zum Mitmachen! Wer sprachfähig wird im Glauben, erfüllt nicht nur den Wunsch des Petrus: »Seid stets bereit, jedem Rede und Antwort zu stehen, der nach eurer Hoffnung fragt«, sondern der steht selbst fester und fühlt sich wohler.

Das Wort Psychosomatik setzt sich aus den griechischen Begriffen für Seele (»psyche«) und Leib (»soma«) zusammen. Dadurch wird also das Zusammenwirken von Körperlichem und Seelischem ausgedrückt. Für Heilungsprozesse ist dies besonders wichtig. Deshalb gibt es Spezialkliniken, die gerade diese ganzheitliche Auffassung vom Menschen zu ihrem Behandlungsprogramm machen. Ähnliches ist am Wirken Jesu zu entdecken. Auch er bezieht Leib und Seele ein – zunächst bei seinen Heilungen, dann aber auch in einem noch viel größeren Rahmen – durch sein ganzes Leben, Sterben und Auferstehen.

Im ganz alltäglichen Leben ist ja jede Zärtlichkeit heilsam und festigt menschliche Verbundenheit. Und ein letzter Liebesdienst ist es, einem Sterbenden die Hand zu halten. Geistig Behinderte fühlen sich nur dann wirklich gegrüßt, wenn man ihnen die Hand gibt. Selbst Hund und Katze haben es gern, wenn man sie krault.

Bei der Fußwaschung, über die der Evangelist Johannes schreibt, lehnt es Petrus zunächst schroff ab, dass Jesus ihm die Füße wäscht. Jesus aber entgegnet: »Wenn ich dich nicht wasche, hast du keine Gemeinschaft mit mir!« Ähnliches steht im Hintergrund, wenn Jesus dazu auffordert, »sein Fleisch zu essen«. Verständlich, dass viele seiner Jünger schockiert waren und ihm nicht mehr folgten. Jesu Ankündigungen über seinen Tod – die Petrus nicht versteht – deuten ebenfalls in diese Richtung.

Gerade der von Jesus klar beabsichtigte Tod, verbunden mit der Ankündigung der Auferstehung, bedeutet doch wohl, dass Jesus die Todesschranke durchschreiten will, um durch seine Auferstehung zu zeigen, dass der Tod nur eine Tür in eine andere Wirklichkeit ist, und dass es diese Wirklichkeit überhaupt gibt. Dieses Bild hatte ja auch einst mein Schüler beim Thema »Tod« gewählt – eine Tür, hinter der es hell ist.

Jesus ändert also eigentlich nichts am Todesgeschehen, sondern zeigt vielmehr dessen Durchlässigkeit. Damit hat das kleine Mädchen recht, von dem ich im Kapitel »Dorflehrer« erzählt habe, als es auf die Frage, was dieser Jesus denn gebracht habe, folgende Antwort gab: »Die Hoffnung.« Der Strom der Lebewesen aber fließt hier auf unserem Planeten nun schon seit einigen Jahrmilliarden und mündet – durch den Tod hindurch – immer schon in das andere Leben.

Allerdings ist das ganze Weltall bereits eine große Psychosomatik, denn schon lange vor dem Erscheinen der Lebewesen – ja bereits von Urknalls Zeiten an – hatten jene Teilchen, die später unseren Körper bildeten, bereits die Fähigkeit, seelisches Leben zu tragen. Und obwohl wir lediglich aus den chemischen Elementen bestehen, können wir mit ihnen schöne Sonnenaufgänge erleben, Musik hören, mit unseren Mitmenschen in freundliche Beziehung treten und können selbst kreativ werden.

In Jesus aber kommt – wie Paulus im Brief an Titus schreibt – die Güte und Menschenfreundlichkeit unseres Gottes auf uns zu – eine frohe Botschaft.

Da ich mit meinen Aufzeichnungen nun zum Ende kommen möchte, wendet sich mein Blick vom jetzigen Kilometerstein zurück auf den inzwischen recht langen Lebensweg, für den ich Gott dankbar bin. Dazu kommt der Dank für unsere große Familie mit unseren Kindern, ihren Partnern, den Enkeln und Urenkeln, und schließlich für all das Gute, das wir in unserer schönen Welt erleben durften.

Allerdings ist mir bewusst und ich leide darunter, dass ich als ein eher kühler Verstandesmensch durch mein Leben gegangen bin und dadurch meinen Mitmenschen etliches an Empathie, Zuwendung und Liebe schuldig blieb. Diese Defizite tun mir leid. Darum will ich mich – nun auf meine alten Tage – noch deutlicher unter das Wort stellen, das Antoine de Saint-Exupéry seinen »kleinen Prinzen« sprechen lässt: »Man sieht nur mit dem Herzen gut. Das Wesentliche ist den Augen verborgen.«

Und auf dem Weg, den wir – meine Frau und ich – nun noch zu gehen haben, will ich dem hoffnungsvollen und stärkenden Wort des Dietrich Bonhoeffer vertrauen: »Von guten Mächten wunderbar geborgen, erwarten wir getrost, was kommen mag. Gott ist bei uns am Abend und am Morgen, und ganz gewiss an jedem neuen Tag.«